Que reste-t-il de nos manifs ?

HÉLÈNE FONTANAUD et FRÉDÉRIQUE MATONTI

Que reste-t-il de nos manifs ?

BERNARD GRASSET
PARIS

Pour le séminaire Beaunier

Prologue

Ce livre est né au soir des élections européennes. Où, pour la première fois de notre — déjà longue, on le verra — vie politique, nous nous étions abstenus.

Depuis quelques mois, notre comportement électoral s'est incontestablement dégradé. Nous tournons toujours à gauche, mais nous ne tournons plus vraiment rond. Nous appartenons pourtant à une génération sans histoire. A tel point d'ailleurs que personne ne s'est intéressé à elle... Peut-être, parce que, dit-on, nous n'avons rien vécu : trop jeunes en mai 68, trop vieux en décembre 86. On a baptisé nos aînés « génération » tout court, nos cadets « bof-génération », nos petits frères « génération morale ». Et nous, qu'avons-nous obtenu ? D'être fondus — par la grâce d'un publicitaire — dans la « génération Mitterrand ». Eh bien, non. Nous ruons dans les brancards. Bien sûr, nous aimons bien Tonton — plus que ne l'aime Michel Rocard mais certainement moins que ne le vénère Jacques Attali. Mais là n'est plus le problème.

S'il fallait aujourd'hui nous donner un nom, ce serait celui de « génération abstention ». Car nous sommes plus d'une poignée : 60 % environ des 25-34 ans s'abstiennent. Belle performance ! Tout cela a été vite. Très vite... Nous ne voudrions pas nous faire plaindre, mais nous avions toujours été des électeurs irréprochables. Pendant dix ans. Sans faillir. Il y eut, certes, quelques signes avant-coureurs, des doutes, des interrogations. Mais la raison à chaque fois l'emportait sur nos bas instincts. Il nous restait encore quelques bonnes raisons de voter à gauche. Mieux encore, nous allions jusqu'à faire preuve parfois de prosélytisme.

A partir de l'automne 1988, la dégringolade a été soudaine : le vote nul au référendum sur la Nouvelle-Calédonie, puis le vote blanc aux municipales et enfin l'abstention aux européennes. Spirale infernale. Déchéance civique.

Déchéance, vraiment ? Non. Nous ne vivons pas pour autant une crise d'identité. Disons même que nous avons été très flattés d'être enfin placés au centre des débats. Et qu'est-ce qu'on n'a pas entendu ! Nous étions des poujadistes, des dépossédés culturels, des ramollis du bulbe démocratique, des ingrats, des déçus du socialisme, des décompos... [1]. Pire... des nantis. Nos critiques nous vilipendaient : un million de petits Chinois réclament la démocratie, place Tian'anmen, et moi, et moi, le vilain petit abstentionniste, je crache dans la soupe. Post-scriptum qui a certainement tout à voir : quelques semaines plus tard, les mêmes hommes politiques qui avaient, rappelez-vous, mobilisé jusqu'au peuple de Pékin pour rogner quelques voix de citoyens français culpabilisés ne s'indignaient guère de voir le commerce reprendre de plus belle entre Paris et la Chine. Et ils voudraient qu'on vote ! Fermons la parenthèse. Tout bien pesé, l'abstention est pour nous une stratégie, la dernière, la seule qui nous reste et qui, après tout, si on n'est pas trop gourmand, peut apporter encore quelques satisfactions.

Ah, évidemment, les jours d'élection n'ont plus la densité des temps heureux de guerre civile ! Ça commence mollement à midi et demi quand, sur fond de salle déserte, au ministère de l'Intérieur, le reporter de service annonce 15 % de votants et commente : « Le taux de participation est en baisse par rapport aux consultations précédentes. » Le sourire naît alors sur les lèvres. Ça

1. Bien entendu ces qualificatifs ne sont qu'un résumé succinct. Par ailleurs, le débat théorique est chaud entre tenants de l'abstentionnisme lié aux handicaps socioculturels et tenants de l'abstentionnisme politique.

continue à 17 h 30 avec un nouveau chiffre guère plus glorieux, genre 35-40 % de participation, et cela s'achève en apothéose avec un 51 % d'abstentions sur le coup de 20 heures. Le sourire fait alors place à une certaine joie mauvaise aux premiers commentaires. Commentaire type du représentant patenté de l'institut de sondages : « Les Français ont, semble-t-il, moins voté, peut-être parce que les enjeux étaient moindres. » Commentaire type du représentant non moins patenté du parti défait : « Comment osez-vous triompher ? Personne n'a gagné ce soir puisqu'un Français sur deux n'est pas allé voter. » Et là un mince bonheur, un contentement modeste nous parfume l'âme : personne ne doit gagner, dès lors qu'on nous a privés du bonheur de faire de la politique !

Nous étions, avec quelques amis, dans cet état d'esprit le 18 juin dernier. Nous assistions avec délices à la déconfiture de l'homme qui — c'est certain — avait compté sur nos voix. Fabius tentait de remonter la pente, mais plus les chiffres se précisaient, plus ils déclinaient inexorablement : 26, 25, 24, 23 %. Le suspense s'effritant vite, la soirée, stricte répétition des municipales, ne promettait cependant pas l'extase. Elle serait même devenue languissante si Giscard, ressuscité par sa « victoire », n'avait investi tous les plateaux de télévision.

A le voir comme cela chuinter de contentement,

administrer des petites phrases florentines aux uns et aux autres, nous étions revenus quinze ans en arrière. A la case départ. C'était sous son règne que nous avions découvert les plaisirs de la politique. Sous son règne que nous avions arpenté Bastille-Nation, Nation-Bastille, et usé des paires de baskets. Que nous avions collé nos premières affiches, tremblé délicieusement face aux CRS, connu l'âpre lutte entre syndicats étudiants et groupuscules, découvert enfin la Mutualité.

Case départ, donc, mais sans promesses de frisson, sans parcours du combattant. Car, au jour d'aujourd'hui, que reste-t-il de nos manifs ? En quinze ans, il semble bien que la politique ait tout perdu de son charme et le militantisme de son éclat.

Mais comment en sommes-nous arrivés là ? Comment, en général, de vaillants opposants, de joyeux fêtards du 10 mai 81 se transforment-ils en cyniques abstentionnistes ricaneurs ? L'affaire est moins mystérieuse que celle de la transsubstantiation. En clair et sans décodeur, c'est tout bêtement l'amour de la politique qui nous a éloignés des urnes.

Eh oui, la politique nous amuse. Mais pas quand elle porte sur l'âge du capitaine, l'éclatement des noyaux durs, ou les-grands-équilibres-à-ne-pas-bouleverser. Bref, quand la politique ressemble à de la politique.

Qu'on ne s'y trompe pas cependant. Nous n'entendons pas par ce livre apporter une contribution au très proche congrès du Parti socialiste à Rennes. Nous ne sommes pas, malheureusement pour lui, membres du PS.

Nos années Giscard

AU LYCÉE

En ces années heureuses, le monde était simple et se départageait comme suit : les bons à gauche et les méchants à droite. Au lycée, nous avions été formés à cette conception manichéenne de l'existence dès la sixième. En écoutant nos glorieux aînés dans le siècle, les « grands » de terminale, raconter en fumant des joints sur la pelouse leur nuit des barricades et leur « premier pavé dans la gueule d'un flic ». Nous les admirions : tous les bruns portaient un béret noir — très facile à trouver en France —, une légère barbe naissante et une veste kaki pour ressembler à Che Guevara. En gros, on ne comprenait rien à ce qu'ils disaient, mais on savait qu'ils étaient un peu comme le grand Maurice — qu'ils honnissaient d'ailleurs : ils nous montraient le chemin.

Les profs aussi étaient sympa. C'est l'époque où la laïque s'ouvre au monde et à ses bouleversements. Le temps du chahut a laissé la place au temps des « copains » grâce à l'autodiscipline. Petit rappel pour ceux qui n'ont pas connu cette révolution culturelle à l'échelle du préau : chaque élève était comptable de ses débordements, le professeur se refusant à assumer la fonction « bourgeoise » du maintien de l'ordre. Même les mathématiques — science aride — étaient touchées par un vent de folie rénovatrice : les équations barbares avaient cédé la place à de douces patates bistre et à la théorie des ensembles. Et le dernier bastion de la Société des agrégés, les notes, tombait pour être remplacé par des lettres — de A à E — moins « aliénantes » pour l'élève.

Nous avons — non sans ennui — été également les premiers à tester l'efficacité des cours d'éducation sexuelle, dispensés par le professeur de sciences naturelles et qui portaient principalement sur l'appareil génital de la souris.

Petits révolutionnaires en herbe, à notre tour et fort logiquement, nous avons, en 1973, investi le pavé parisien, un entonnoir sur la tête — symbole de la folie du ministre — contre la loi Debré. Ah ! les premières charges de CRS, les premières grenades lacrymogènes, le premier après-midi au poste et la première baffe des parents...

Ce dur apprentissage de la condition militante était tout de même tempéré par un simple état de fait : quand nos géniteurs nous privaient de sortie, il restait toujours la télé pour parfaire notre éducation politique.

Il ne faut pas oublier en effet que notre génération, née avec la Ve République, est aussi celle du petit écran. Il est coutumier aujourd'hui de dire d'un air mystérieux que, pour former nos jeunes têtes de bois, l'État-UDR* avait bien fait les choses. Las ! Nous sommes aujourd'hui pleinement en mesure de révéler que le quadrillage des ondes se révéla imparfait : c'est sous de Gaulle que nous nous sommes littéralement gavés de *Zorro, Jacquou le Croquant, Thierry la Fronde* et autres *Caméra explore le temps*. Les héros de notre enfance étaient des justiciers. Dévoués à la cause des plus humbles. Ils étaient — de Gaulle cultivant son lointain passé — des résistants. Combien de fois avons-nous versé de chaudes larmes d'enfant en assistant à la mort héroïque des cheminots de *la Bataille du rail* ? Ils étaient aussi des révolutionnaires. Nous ne réclamons pas que ses cendres soient transférées au Panthéon — pour sa mémoire, nous préférons lui éviter le discours de Jack Lang — mais nous n'avons jamais oublié la pathétique image, bien que très floue sur nos téléviseurs noir et blanc, de Robespierre-Négroni,

* Voir glossaire en fin d'ouvrage.

allongé sur une table froide, la mâchoire fracassée, dans l'attente de son exécution.

C'est tout aussi logiquement par cette étrange lucarne que le monde, d'un coup, prit son sens en septembre 1973. Des actualités télévisées des « sixties », nous n'avions conservé que des fragments, des images fragiles, fugitives : de Gaulle costumé en général pendant la guerre d'Algérie, les avions et le napalm au Vietnam, les tanks à Prague... Et ce fut le Chili, la mort d'Allende, les armes à la main, dans son palais de la Moneda.

Toutes proportions gardées, l'arrivée au pouvoir de Pinochet eut la même densité dramatique que celle de Franco, près de quarante ans plus tôt. Franco qui devait mourir deux ans plus tard. Avant de passer l'arme à gauche — façon de parler —, le vieux crocodile avait fait garrotter quelques Basques. La défense des droits de l'homme passa alors par quelques manifestations musclées sur les Champs-Élysées. Un baptême du feu pour nombre d'entre nous. Le Caudillo enterré, l'Espagne glissa sans chaos de la dictature à la démocratie.

Mais avant cela, au Chili, il y avait eu le stade de Santiago, les mains coupées de Victor Jara. Allende avait perdu parce qu'il avait refusé d'appliquer à son opposition le trop célèbre « Pas de liberté pour les ennemis de la liberté ». Une maxime qui avait fait ses preuves en URSS, en

Chine et les ferait bientôt au Cambodge. Notre première grande leçon de politique. Nous entrions dans le jeu en sachant d'ores et déjà que le droit prime la force, qu'il vaut mieux perdre le pouvoir que de se renier pour le conserver.

Très vite et sans souci de la mesure, la gauche s'inquiéta de l'état des libertés dans notre beau pays de France. L'armée était-elle sûre ? Quelle était la contenance du Parc des Princes ? Les routiers étaient-ils vraiment sympa ? Les conversations dans les cafés autour des lycées allèrent bon train. Puis tout rentra dans l'ordre.

La deuxième grande leçon survint peu après. La fin des années 70 en France fut l'époque des réfugiés. Ils étaient chiliens, argentins, soviétiques, vietnamiens, cambodgiens. C'est l'époque du Goulag, de l'*Ile-de-Lumière* croisant en mer de Chine, des boat-people. Des concerts des Quilapayun à la Mutualité, du Cuarteto Cedron.

Sans qu'on y prît garde, la référence aux droits de l'homme était devenue celle de notre génération.

GISCARD À LA BARRE

En avril 1974, Pompidou était mort. Nous étions trop jeunes pour voter. Nous ne pouvions qu'assister en spectateurs au combat des chefs qui se préparait. Et nos inquiétudes augmentaient jusqu'à atteindre l'angoisse pure : si le candidat de la « gôchunie » l'emportait, l'impérialisme américain n'allait-il pas bombarder Cherbourg, Le Havre et le QG de Taverny ?

Au lycée, où la campagne faisait rage, la réaction relevait la tête et certains jeunes émules de VGE arboraient fièrement des T-shirts frappés du slogan vengeur « Giscard à la barre ». Effectivement, la chose advint. Il convient de le rappeler pour ceux qui l'ont oublié et qui croient encore qu'il débute dans le métier : M. Valéry Giscard d'Estaing a été président de la République française de 1974 à 1981. Sans interruption. Et une partie non négligeable de notre génération s'est installée dans ce qu'elle préfère par-dessus tout : l'opposition.

C'est l'époque du Programme commun. Où, souvenons-nous, le PCF est le premier parti de France. L'époque où nous allons en bande le deuxième dimanche de septembre — il pleut souvent — au parc paysager de La Courneuve pour la traditionnelle merguez-party de la Fête de l'Humanité. Parfois, nous poussons même jusqu'aux fêtes de la Jeunesse communiste*, voire jusqu'à celles de la Ligue communiste révolutionnaire* ou de Lutte ouvrière*. N'en déplaise au ministre de la Culture, de la Communication, des Grands

Travaux et du Bicentenaire, nous ne l'avons pas attendu pour avoir le sens de la fête.

C'est l'époque où nombre d'entre nous sont déjà aux JC*, où d'autres flirtent avec la Ligue* à Trotski, et les jeunes filles surtout avec ses militants. Aucun ne songe encore à rejoindre les « soc-dem » du Parti socialiste. D'ailleurs qui avait entendu parler du Parti socialiste ? A la télévision peut-être... et encore. Ses rares représentants — ils devaient bien exister —, peu aventureux par nature, n'avaient jamais eu l'audace de franchir le seuil du « foyer » du lycée, ce lieu à vocation socio-éducative. Entre les murs psychédéliquement peints, les grands que nous étions devenus s'allongeaient, se vautraient au son d'une guitare. Au hit-parade de l'époque — le Top 50 n'existait pas encore — figurait presque toujours Maxime Le Forestier. Les bons jours, on fredonnait *San Francisco,* et les mauvais, on beuglait *Parachutiste.*

Habillés tantôt à la mode andine, tantôt de jeans « pattes d'eph » agrémentés du signe de la paix griffonné au bic, ou, suprême raffinement, de la langue tirée immortalisée par les Rolling Stones, nous nous traînions en sabots dans ce local sacré. Les écolos avant la lettre, dits « babas cool », complétaient leur look avachi de pièces de tissu fleuri. La politique et notre sexualité balbutiante formaient le gros de nos conversations ponctuées de « j'veux dire ». Et si on ne trouvait pas de socialistes, quelques militants franchissaient pourtant le mur de fumée du foyer. Le représentant de l'UNCAL* était le plus clean. Le représentant de l'AJS* était le plus borné. Le représentant des Cercles rouges — pseudopodes de la LCR* — était le plus collant. Et celui de LO* le plus rasant.

L'ANNÉE TERRIBLE

En mars 76, l'occasion nous fut donnée de participer à un véritable mouvement de masse. Alice Saunier-Seité, qui défendait l'ex-projet Soisson (oui, lui) de réforme des universités, concentra sur elle la haine de dizaines de milliers d'étudiants.

Cette grève générale des universités, mot d'ordre fantasmatique depuis nos 11 ans, était enfin réalisée. Nous en étions, pour la première fois, de véritables acteurs. Mais n'oublions pas que nous sommes une génération sans histoire. Pour preuve, ce long conflit — deux mois tout de même — n'accoucha d'aucun chef de file. Cependant, certains dirigeants qui n'émergèrent médiatiquement que presque dix ans plus tard y firent leurs premières armes, prouvant par là que la carrière de leader étudiant est une longue marche. On y trouvait déjà David Assouline, Philippe Darriulat, Jean-Christophe Cambadélis et Julien Dray.

Cette grève historique et pourtant oubliée se déroula selon un canevas traditionnel, établi en mai 68.

Les lycéens pouvaient profiter de l'excellent sens pratique du comité de grève, qui organisait les manifs le mercredi, pour se joindre aux cortèges où défilaient fièrement les étudiants et les classes prépa. La période fut empreinte de ludisme. Le temps clément était du côté des manifestants, comme il l'avait été pour nos aînés, au printemps 68, et comme il le serait pour nos cadets de l'hiver 86. Nos parents, moins gais, se préparaient à payer l'impôt sécheresse.

Toutes les journées commençaient avec une AG (assemblée générale) souvent tumultueuse, parfois ponctuée de jets de pots de yaourt entre UNEF-Re* (UNEF-Renouveau*) et groupuscules en tout genre. Quand les discussions dépassaient les bornes et qu'il n'y avait plus de limites, les combats pouvaient s'effectuer à coups de pattes de poulet.

Les journées se poursuivaient par un raid sur une épicerie, arabe de préférence (« Travailleurs français-immigrés-solidarité »), où les jeunes révoltés achetaient les citrons destinés à la protection oculaire en cas de tir de gaz lacrymogène par les CRS (« Dispersion, c'est l'heure du feuilleton »).

L'apothéose c'était bien sûr la Manif. Il y avait le nombre tout d'abord. Très très important. Plus nous étions, plus nous étions impressionnants. Il y avait les banderoles, draps volés dans les armoires familiales où l'on bombait ses revendications. Et la traversée de Paris en criant aux gens restés à la fenêtre : « Dans la rue avec nous ! » Un formidable rugissement, des sifflets et des lazzi répondaient à ceux perchés, qui nous adressaient des bras d'honneur.

Dans le fond, toute la réussite d'une manif, nous le savons après des années d'expérience, tient dans ses slogans et dans le rythme de la scansion desdits slogans. Au hit-parade de l'année 1976 figura sans aucun doute « Sau, Sau, Sau, Sau, Saunier, assez sélectionné » et le plus jazzy « Oh facs d'élite, oh facs poubelles, à bas les facs concurrentielles ». Ces deux cris du cœur avaient la particularité d'être chantés, à la différence du lapidaire : « Saunier, t'as même pas ton capes ». Il est facile de constater, grâce à ces exemples de locutions à forte densité sémantique, que la « génération morale » a très largement copié notre génération « sans histoire ». Hélas, personne n'a écrit de livre sur nous. Mais il y a eu un film. Et pas n'importe lequel. Le trépidant éditorialiste Laurent Joffrin a en effet commis une petite erreur d'interprétation[1]. Ce n'est pas *E.T.* qui a engendré décembre 86, mais le mouvement de 76, injustement oublié, qui a influencé Spielberg. Fermons la parenthèse.

Le bouquet final de la manif, c'était la charge de CRS. La charge de CRS fait peur. Ces représentants de la Loi et l'Ordre sont vêtus de noir et armés d'objets contondants qu'ils n'hésitent pas à abattre sur les crânes dénudés et les parties charnues des gentils étudiants. La terreur devient insoutenable lorsque le cortège se trouve immobilisé dans une petite rue, telle la rue Dutot où se tient le secrétariat d'État aux Universités, face à plusieurs rangées de casques étincelants. La fin d'une manif ressemble le plus souvent à une envolée de moineaux.

La fin du mouvement de 76 vint avec la trahison de l'UNEF-Re* qui, appliquant la maxime funeste du grand Maurice (pré-cité), sut promptement terminer la grève.

NOUS SOMMES TOUS DES GROUPUSCULES

Cette première grande expérience populaire nous avait ravis. Accrochés. Nous étions devenus

1. Laurent Joffrin, *Un coup de jeune,* Arléa, Paris, 1987.

en quelques semaines des familiers de l'agit-prop, des maniaques du tract, des mordus de l'affichage. Dès lors, notre activité politique devint frénétique.

La vie suivant son cours, nous étions arrivés en fac. Fiers d'être à notre tour des empêcheurs de tourner en rond. Prêts à des heures de débat acharné. Toutes les études sociologiques savantes le prouvent, l'étudiant a une propension maladive à s'agiter politiquement. Dans ce domaine, notre génération malchanceuse fut servie par le destin : la période fut riche en événements de toutes sortes.

Tout d'abord, le temps de l'Union de la gauche s'achevait. Celle-ci trépassait sous les coups de boutoir conjugués de ses protagonistes. Ah, l'extraordinaire feuilleton de l'actualisation du Programme commun ! Les discussions entre le PS, le PC et les radicaux de gauche du MRG tournèrent au vinaigre pendant tout l'été 1977. Ils se chamaillaient sur tout : l'échelle des salaires, le SMIC, le nombre de ministres communistes dans un gouvernement qui devenait de plus en plus hypothétique et surtout, surtout le nombre des nationalisations. C'est l'époque où l'on guette chaque sortie du trio d'enfer constitué par Georges Marchais, François Mitterrand et Robert Fabre. Où l'on disserte à perte de vue sur la stratégie réformiste du PS et le jusqu'au-boutisme infernal du Parti communiste.

Les communistes. Parlons-en. Paradoxalement, notre génération est la dernière à s'être préoccupée du PCF — à cette époque encore au centre de la vie politique — et la première à s'en être détachée aussi vite et sans drame.

Nés après 1956, nous sommes venus au monde naturellement déstalinisés. Ce qui ne nous a pas empêchés de retomber dans les pires errances. Ce qu'un bref panorama de la vie militante des années 1976-1981, sur les campus universitaires français, permettra sans doute de mieux saisir.

Les communistes et les communisants

Déstalinisés au grand cœur (croient-ils), et donc gibier potentiel de l'eurocommunisme et du 22e Congrès. Adhésion ou flirt entre 75 et 77. La rupture du Programme commun sonne le glas des interrogations pour les hésitants. Et pour les encartés, les interrogations commencent. Une spirale infernale les entraîne jusqu'à la rupture : l'Afghanistan, et le feu vert donné de Moscou, dans la plus grande indépendance, par Georges Marchais, la Pologne. Il y a aussi le grand virage anti-immigrés du PCF, qui envoie, à la veille du Noël de 1980, des bulldozers démolir un foyer Sonacotra à Vitry et un de ses élus vociférer dans un haut-parleur au pied de l'immeuble où vit une famille de présumés dealers marocains, à Montigny-les-Cormeilles.

Tout cela fait que notre génération, lorsqu'elle est communiste, porte à sa perfection la qualité de « parti-passoire » du PCF. Il y a, bien sûr, ceux qui ne se sont pas interrogés, ceux qui ne s'interrogent toujours pas, et qui restent dans un parti qui n'est plus celui des fils et filles de fusillés, mais des fils et filles de permanents. On les rencontre très souvent à la fac. Ils assomment l'étudiant qui passe de leurs slogans ringards type « T'es jeune, bats-toi » ou « Ça sonne clair un jeune qui se bat ». Et vendent à l'appui leur journal *Clarté,* pur produit des écoles du parti.

Un slogan mesquin et gauchiste dont l'origine s'est perdue résume assez bien le peu de crainte que nous inspire le Grand Parti des Travailleurs : « Pif, Pifou, Tonton, Tata, Hercule. Glop, pas glop. C'est ça la dialectique, la dialectique du PCF. » Allusion fine à la plus grande publication théorique de la Place du Colonel-Fabien : *Pif-Gadget.*

Les socialistes

Inexistants jusqu'en 1977, à l'exception de quelques militants du CERES* qui ressemblent à s'y méprendre à ceux du PCF, alors parti frère. Après cette même date, montée en puissance sur les facs d'une poignée d'arrivistes, qui ont à leur actif d'avoir senti, avant tout le monde, que la fusée Mitterrand s'ébranlait sur son pas de tir.

Les trotskistes

Excusez-nous de filer la métaphore sidérale, mais il convient de citer en exergue la trajectoire impeccable du camarade Jean-Christophe Cambadélis, dogmato entre les dogmatos de la secte OCI*. Devenu aujourd'hui, par la grâce des alliances et de l'entrisme, l'un des meilleurs défenseurs d'une politique socialiste à côté de laquelle celle de Guy Mollet paraît d'un extrémisme aventuriste.

L'OCI*, donc

Émanation de la FER* qui a connu son heure de gloire en Mai 68, en refusant de se mêler à « l'aventure petite-bourgeoise des barricades ». Leur technique de recrutement était imparable : les filles en minijupe, avenantes, souriantes, apparemment détendues. Et en quinconce, tapis derrière *I.O.* (*Informations ouvrières,* une remarquable publication théorique), les garçons sanglés dans un imperméable kaki, ou dans un manteau de cuir noir. Leur discours était hermétique, émaillé d'injures. Tous leurs ennemis étaient par essence, et même les femmes, des « pédés », des futurs patients des BAPU (bureaux d'aide psychologique universitaire), la révolution advenue. Tous les communistes étaient des « chiens de Moscou », au féminin, des « chiennes de Moscou ».

La LCR* ensuite,

Animal familier depuis le lycée, le liguard se caractérise d'abord par son infatigabilité. En attendant le grand soir, il est de tous les coups, de toutes les grèves, de toutes les manifs. Quand il n'est pas à leur initiative, ce qui est rare, son obsession, c'est le noyautage — Rocard, ancien leader gauchiste, en conserve la hantise. Tel un coucou, le liguard s'installe dans chaque mouvement.

Entre ces deux frères ennemis du trotskisme, la guerre est totale. Une bataille célèbre s'est déroulée à Nanterre. Des « pablistes » (LCR*, de Pablo, ancien leader de la IVe Internationale, substantif injurieux), jetés au sol, ont crié à l'adresse de leurs agresseurs lambertistes (OCI*, du nom de leur chef Lambert, substantif tout aussi injurieux) : « Arrêtez, bordel, au nom du trotskisme ! »

Ces deux organisations partagent néanmoins

une haine franche et tenace pour le PCF, qui a commis la bévue d'assassiner Léon, leur père à tous.

Les maos

Espèce en voie de disparition (idem pour les babas cool), pour ne pas dire éteinte. Derniers survivants signalés pendant la grève de 1976. Vocabulaire incompréhensible.

Les (plus ou moins) décompos

Ennemis jurés de tous, du PCF à l'OCI*. Leur mode de locomotion favori : la reptation entre les TD (travaux dirigés) et la cafét'. Principal cri de guerre : « Cronstadt-Budapest ! », hommage concis mais parlant aux marins victimes de l'Armée rouge de Trotski et aux Hongrois victimes de l'Armée rouge de Khrouchtchev. Pour eux, toutes les organisations sont des nids de bureaucrates, les syndicats des fabriques à bureaucrates, et l'ensemble des briseurs de grève. Ne se mouchent pas du coude et se revendiquent pêle-mêle des anars espagnols, des situationnistes et de Daniel Cohn-Bendit. D'où une grande variété de groupes et une grande variété d'actions. De la parodie-situ à la quasi-guérilla armée. Citons, par exemple, la remarquable action de quelques inorganisés de Nanterre, tendance 22 Mars, qui ont en l'an de grâce 1978 recouvert le sacro-saint panneau de l'OCI* cambadélisée, d'une superbe affiche Dim. Rappelons également le climat de pré-guerre civile qui régnait autour de la faculté de Jussieu en 1980, lorsque des irréductibles renversaient les autobus aux cris d' « Autonomie et P 38 ».

Tous ces groupes avaient en commun quelques rites (la défense et la conquête des panneaux, la pratique de l'AG...). Et au moins un but : « écraser la vermine fasciste ».

*A la fac, la « vermine fasciste » c'est le GUD**

Basé à Assas, faculté de droit de la rive gauche, le Groupe Union Défense est d'abord caractérisé par ses grosses brutes qui se différencient de celles de l'OCI*, non par l'imper vert kaki qu'ils ont semblable, mais par le crâne rasé et le poil blond.

Le GUD* a un ancêtre, un modèle : Occident. Et donc comme premier emblème la croix d'Occident, comme premier devoir la défense de la Grande Europe.

Cette ambition, qui n'est pas nouvelle, le conduit à purifier les facs des « bolchos ». Le « bolcho » c'est tout ce qui est à la gauche de l'UDF, et encore. Comme on le voit, le militant du GUD* ne s'embarrasse pas — tout comme Le Pen — de détails. Il pratique donc le raid sauvage, musclé et armé, de préférence à l'heure des TD. A la rentrée 1980, après une série sans faille de « descentes » sur les facs parisiennes, le GUD* a ramassé une gigantesque et mémorable dégelée à la faculté de Nanterre-la-Rouge.

A la différence d'Occident, le GUD* n'a pas encore débouché sur des carrières ministérielles.

Quant à la droite tout court — enfin les cheveux un peu plus longs —, elle est à l'époque inexistante

L'UJP* gaulliste a sombré depuis longtemps. On peut toutefois estimer que la droite bouge encore puisqu'il arrive à l'étudiant de lire sur les murs, le matin, des affiches vraisemblablement collées nuitamment. De ces indices, on peut déduire la présence de deux groupes : l'UNI* et le CELF*. Politiquement, on peut subodorer que ces deux groupes soutiennent le gouvernement en place.

Physiquement, les gens de l'UNI* sont soit des brutes épaisses qui déambulent en treillis, soit des professeurs à l'allure plus respectable, dits mandarins, qui fournissent divers ministres de l'Éducation en idées peu respectables.

Au CELF*, syndicat étudiant bâti de toutes pièces par notre vieille amie Alice qui part en guerre contre la gauche universitaire, on trouve en revanche des jeunes gens propres, au cheveu net. Les filles ont des catogans, des colliers de perles et des kilts. En bref, ces chères têtes blondes sont BC-BG.

Ce descriptif rapide et exhaustif doit paraître éminemment exotique. Aujourd'hui, il n'y a plus guère que parmi les tribus des branchés que l'on pourrait trouver une telle variété comportementale.

Tout ce petit monde a bien entendu des journées chargées. A 9 heures du matin, le militant est déjà à pied d'œuvre. Son parcours, dès l'entrée de la fac, lui a permis de faire le tour des autres groupes et de ramasser l'ensemble des tracts distribués ce jour-là. Dès lors, il entame leur lecture à la cafét' ou dans son local. Il prévoit, s'il n'est pas décompo — le décompo est peu adepte de la diff' de tracts (distribution de tracts) —, une réponse. A 10 heures, il envisage de se rendre à son deuxième cours de la journée. Il a déjà raté le premier... A 10 h 30, il a pris sa décision, il ira en cours.

Midi, l'heure est au pan-bagnat qui se déguste prioritairement au bas de son panneau. Dégoulinant de salade approximativement fraîche, on peut toiser l'adversaire qui passe à portée. Midi et demi, le militant se rend en bande au resto-U (cantine), non pour y manger, mais pour distribuer un tract. 13 heures, toujours en bande, il entre, patibulaire, dans l'AG d'une orga (organisation) concurrente. La controverse peut le mener jusqu'à 14 heures. Exceptionnellement, si cela dégénère en horions, on peut aller jusqu'à 15 heures, compte tenu du retour au local pour faire le point, etc.

L'après-midi, deux cas de figure se présentent, liés à la densité événementielle. Cours jusqu'à 16-17 heures, interrompus par un séjour au troquet du coin et quelques parties de flipper pour les plus délurés, ou préparation de la manifestation du soir. Dès 15 heures, il faut successivement terminer la banderole — les filles sont tout indiquées pour ce travail qui nécessite des doigts de fée —, répéter les slogans, préparer en cas d'urgence le « panier-repas », qui n'est pas un « en-cas » mais une série d'objets durs et oblongs pouvant servir à se défendre :

1. contre les autonomes ;

2. contre les flics ;
3. contre des groupes rivaux.

Ces menus travaux achevés, le militant s'ébranle avec toute sa horde jusqu'au métro ou au RER voisin, la banderole soigneusement rangée sous le bras.

Les étudiants quittent alors la fac, sous l'œil larmoyant des chargés de TD et des maîtres assistants, qui les voient passer avec nostalgie. Eux, ils ont fait Mai 68. Les soixante-huitards. A leur tour de se présenter pour la revue de détail. Tout d'abord, dix ans après, le combattant de Mai est mou. A tous les points de vue. Sa phrase favorite est soufflée plus que prononcée : « Moi aussi, je suis passé par là, ça ne mène à rien, tu verras. » Le soixante-huitard irrite. Il tutoie. Mais, à la différence du sympathique professeur du secondaire qui veillait à ne pas choquer nos jeunes consciences avec des notes infamantes, le chargé de cours dans le supérieur sélectionne à tour de bras, distribue les 2 et les 4 avec un sourire désarmant : « Tu vois, le système est pourri. Il faut que tu comprennes vite. » A vous dégoûter d'être de gauche.

Quand il se prend pour Rousseau, le soixante-huitard vous entretient des heures durant de ses diverses théories sur l'éducation, quand il se prend pour Voltaire, il vous narre ses divers engagements et les causes célèbres qui l'ont mobilisé

— comme le notaire carnivore de Bruay-en-Artois[2] —, mais quand il s'agit de vous donner votre UV (unité de valeur) de fin d'année, il vous laisse souvent le nez dans le ruisseau.

Le soixante-huitard — revenu de tout et arrivé à rien — a toutefois conservé un goût pervers pour l'action politique. Dans les facultés se déroule ainsi une guérilla feutrée et obscure qui oppose les partisans du SGEN-CFDT* (d'obédience décompo-socialiste) et du SNESup* (pro-communiste).

Quand il croit encore à son avenir, le soixante-huitard, célèbre dans le monde entier pour la rapidité de sa reconversion idéologique[3], prépare sa future entrée dans un cabinet ministériel, au pire de droite (type Malhuret), au mieux de gauche (type Kouchner). Et pour cela, l'universitaire qu'il est, rédige. Des tonnes de feuillets pour le cheval qu'il s'est choisi dans la course au portefeuille.

En ces temps reculés, le soixante-huitard n'a pourtant pas encore atteint le faîte de la gloire, ce qui viendra aux chapitres suivants.

2. « Qui a mangé, à lui seul, 800 grammes de viande le soir du crime ? C'est Leroy. Une fille d'ouvriers qui venait paisiblement voir sa grand-mère a été mise en charpie : c'est un acte de cannibalisme. » *La Cause du Peuple*, n° 23, 1972.

3. Voir Hervé Hamon et Patrick Rotman, *Génération* (surtout le tome 2), Seuil, Paris, 1988.

VALÉRY, ALAIN, CHRISTIAN ET LES AUTRES...

Face à cette multitude révolutionnaire, Valéry Giscard d'Estaing gouverne.

Il a d'abord réussi à plaire aux Français. Pas à tous. Nous, nous n'avons pas été dupes. Mais enfin, à peine élu, il tente une ouverture au centre, avant que ce jeu ne soit à la mode. Giscard remonte donc les Champs-Élysées en pull-over, petit-déjeune « à la bonne franquette » avec les éboueurs, rend visite à des détenus, légalise l'avortement, réforme la législation sur le divorce, dîne avec des Français moyens et joue de l'accordéon. En y réfléchissant bien, avec le recul, le bilan de ses premières années vaut bien l'œuvre de Mitterrand II, celui de la pyramide. Mais — et on le verra très prochainement — les bonnes choses n'ont qu'un temps. Bien vite, les bons et les méchants reprennent leur place sur l'échiquier.

VGE et Chirac viennent de vivre leur première grande scène de ménage qui fait d'eux un couple presque aussi mythique que Liz Taylor et Richard Burton. Avec son nouveau Premier ministre, « le meilleur économiste de France », Raymond Barre,

VGE, pris dans la tourmente de la crise, cherche désespérément la sortie, le « bout du tunnel » que Chirac avait cru apercevoir. Pour ce faire, Valy entame la construction de la « société libérale avancée » avec une joyeuse bande d'hommes de dialogue : citons Michel Poniatowski, Christian Bonnet et le meilleur de tous, épaulé par l'ineffable Paul-André Sadon : Alain Peyrefitte.

Ce dernier a de grandes ambitions : outre le réveil de la Chine, il souhaite mettre sur pied une réforme du Code pénal. C'est le projet bien nommé « Sécurité et Libertés ». Il envisage aussi la création d'un espace judiciaire européen. Lui qui affirme sans sourciller — ça se verrait — que la peine de mort lui a « toujours fait horreur » voit fonctionner sans grand malaise la guillotine. C'est l'époque du « pull-over rouge ». Pompidou avait eu la décence de taire ses sentiments lorsqu'il avait refusé la grâce de Buffet et de Bontemps. Giscard n'aura pas eu cette élémentaire pudeur. Dans ses Mémoires à succès, l'ancien chef de l'État raconte qu'il s'est levé à l'heure du condamné le mercredi 28 juillet 1976 et qu'apprenant l'exécution de Christian Ranucci il est resté « étendu, [...] fatigué » et qu'en lui rien ne bougeait[4]. C'est l'époque où Badinter qui, à Troyes, sauve la tête

4. Valéry Giscard d'Estaing, *le Pouvoir et la vie.* Cie 12, Paris, 1988, p. 299.

de Patrick Henry devient l'homme le plus haï de France.

Dans les prisons, où le président de la République ne vient plus depuis bien longtemps, les quartiers de haute sécurité — les QHS — sont pleins à craquer. Mesrine et Knobelspiess incarnent la révolte des prisonniers.

Les magistrats aux ordres — les autres sont mutés, « hazebrouckés » comme l'on dit alors après l'envoi dans nos provinces du Nord d'un juge récalcitrant — expédient les affaires courantes. Klaus Croissant est extradé, de très lourdes condamnations s'abattent sur les malheureux inconscients, interpellés lors de manifestations. C'est l'époque où l'on apprend que la bouteille de coca-cola prise sur un manifestant est considérée comme une arme.

C'est l'époque où Peyrefitte, en verve, officialise le délit de « sale gueule ». L'Assemblée adopte un amendement qui légalise les contrôles policiers. Ivan Levaï est rassuré, le garde des Sceaux lui a confié au micro d'Europe 1 : « Vous avez une bonne tête, on vous laissera passer, il suffit de vous voir. »

Christian Bonnet, ministre de l'Intérieur, domine quant à lui la réflexion politique de ses aphorismes profonds tel celui-ci : « Il n'y a pas plus d'assassins dans la police qu'ailleurs. » Robert Galley le dépasse d'une courte tête lorsqu'il déclare que les massacres d'enfants par Bokassa sont un « pseudo-événement ».

C'est l'époque où la gauche enterre ses morts : Pierre Goldman, assassiné par « Honneur de la Police », Henri Curiel, assassiné par un commando « Delta », et Jean-Paul Sartre.

C'est l'époque où cette même gauche, après avoir acheté des montres Lip pour soutenir Charles Piaget, s'identifie aux mineurs de Longwy. Les manifs sont violentes. Le 23 mars 1979, la vitrine de Lancel, malencontreusement sise en fin de parcours, est sauvagement pillée. C'est un de ces jours où la vitesse du manifestant en course pour échapper aux coups de matraque doit avoisiner celle de Carl Lewis. C'est aussi le jour où les autonomes font une percée médiatique incontestable. Les campus s'interrogent : vrais ou faux ? Flics ou révolutionnaires ? Dans toutes les AG, on se regarde en coin, dans toutes les manifs, on se méfie. Les années 1979-1981 seront paranoïaques en diable.

C'est l'époque de Plogoff et de La Hague. De Creys-Malville et des marches contre le nucléaire. Lalonde ne se baigne pas encore à Mururoa.

C'est l'époque des scandales d'une fin de règne. De Robert Boulin, de De Broglie, de Fontanet et de « bonjour mes diams ».

C'est l'époque des spectacles de Bedos à Bobino, des séances de cinéma à minuit pour ingurgiter quelques Pasolini. L'époque des films de Claude Sautet, du cinéma italien, de Woody Allen et de Fassbinder. De *l'Honneur perdu de Katarina Blum*, de *l'Allemagne en automne*, et de *Chronique des années de plomb*. Où le militant libertaire et autonome se retrempe l'âme dans les concerts de Lavilliers, où il beugle avec l'ancien ouvrier de Saint-Étienne : « Bats-toi ! » Où l'on découvre le reggae, la salsa et les punks.

C'est une époque où la France n'est pas consensuelle et où les débats sont « archéo ». Mais, quitte à passer pour indécrottables, il nous faut le confesser : rarement nous nous sommes autant amusés. A quoi cela tient-il ? L'observateur grincheux — notre soixante-huitard par exemple — répond trop facilement que c'est dû à la fougue de la jeunesse. Il aurait tort — une fois de plus. A cette époque, la France entière est gagnée par l'amour de la politique.

Le jeu des partis et les élections dominent alors l'actualité. Des élections à répétition qui, étrangement, ne lassent pas les Français, bien au contraire. Non contents de se passionner pour les municipales, nos compatriotes découvrent les cantonales et même, bonheur suprême, tout comme le bureau politique du PCF qui les ausculte à la loupe, les partielles. C'est une époque heureuse pour les hommes politiques : deux Français sur trois s'occupent des affaires de leur canton et trois sur quatre de leur commune. Et ces excellents citoyens votent à tour de bras[5]. Inexplicablement rivés à leur poste de télévision, ils sont devenus experts en politique politicienne : le débat Fourcade-Marchais pulvérise les taux d'écoute, le bras de fer Chirac-Giscard pour le contrôle de la mairie de Paris tient en haleine la France entière.

Notre génération est gagnée par cette frénésie civique. Elle s'inscrit massivement sur les listes électorales et use de son droit de vote, en choisissant très majoritairement la gauche. Plus de 70 % d'entre nous votent pour elle aux législatives de 78. Malgré nos débordements extrémistes (voir le bestiaire estudiantin ci-dessus), nous nous distinguons sur ce point de nos aînés soixante-huitards. Dans notre génération, ceux qui pensent que les élections sont des « pièges à cons » sont ultra-minoritaires. Sans nous en rendre compte, nous sommes les premiers à investir, sans réticences profondes, dans le système démocratique.

Au printemps 1980, les universités se réveillent. Notre amie Alice ne désarme pas. Cette fois, ce sont les étudiants étrangers qui font les frais de ses humeurs. Tous ceux qui viennent étudier au pays des droits de l'homme sont soumis à des quotas à

5. Municipales 1977 - 1er tour : 78,8 %, 2e tour : 77,6 %. Cantonales 1979 - 1er tour : 65,4 %, 2e tour : 65,4 %. Européennes 1979 : 60,7 %.

l'entrée des facs et doivent prouver que leurs ressources sont suffisantes pour vivre en France. Alice a fait vœu de bouter les « faux étudiants » hors de nos frontières. Raymond Barre fait chorus en s'exclamant : « Nous ne voulons pas que nos universités soient des dépotoirs. » C'est l'époque où Jean-Marie Le Pen est encore un has-been. Ce n'est donc pas pour contrer le Front national qu'Alice fait du Pasqua avant la lettre.

Ces mesures vont de pair avec les décrets Bonnet-Stoléru (oui, oui, le même, le ministre de Mitterrand II) sur les conditions de séjour des étrangers en France. Ce cocktail explosif fait bien entendu redescendre les étudiants dans la rue.

Dans un premier temps, les syndicats étudiants brillent par leur absence. L'UNEF-Re* poursuit sa lente déchéance. Et c'est la pleine période de construction de l'UNEF indépendante et démocratique* (tout un programme). Saluons une fois de plus notre camarade Jean-Christophe Cambadélis, en lutte alors pour le leadership de cette jeune et prometteuse organisation avec son meilleur ennemi, Julien Dray, encore membre de la LCR*. Un couple aujourd'hui presque aussi célèbre que celui formé par Abel et Caïn, sous l'œil de Dieu bien sûr.

Devant l'incurie des responsables syndicaux, les potaches s'organisent en « comités de défense des étudiants étrangers ». C'est l'époque où nous découvrons les joies de l'occupation de locaux — la présidence à Nanterre, les étages de Jussieu et les amphis de Censier. Et la terreur d'être délogés en pleine nuit ou à l'aube par des escadrons de CRS.

C'est l'époque où les manifs tournent toutes à l'affrontement. Où Renaud — toujours à la pointe des luttes — affirme qu'il ne va plus aux manifs « sans un nuntchaku, un cocktail » et qu'« à Longwy ou à Saint-Lazare, plus de slogans face aux flicards, mais des pavés, des fusils, des grenades[6] ».

En face, Giscard — dont le règne commence à s'essouffler — dérape. Le 13 mai — date fatidique en France — les CRS envahissent le parvis de Jussieu et matraquent sans faiblir tout ce qui est jeune et qui passe à proximité. Alain Bégrand, un chômeur, fait une chute mortelle. Dans la nuit, plusieurs centaines d'étudiants et d'autonomes se mêlent dans les rues alentour pour une manifestation de protestation, aux cris de « CRS, assassins ». On est bien loin à cet instant des engouements démocratiques. Certains sont même à deux doigts de la lutte armée. C'est l'époque d'Action directe tendance non sanguinolente, des Brigades rouges, tendance sanguinolente. Le lendemain, au cours

6. Renaud, *Où est-ce que j'ai mis mon flingue ?*, album « Marche à l'ombre », Polydor, 1980.

d'une manifestation, un étudiant feint de tirer sur le commissariat de Saint-Sulpice. Les gardiens de la paix s'excitent. La bavure menace.

La crise finit par se tasser. Les comités de défense des étudiants étrangers réussissent à imposer des inscriptions aux présidents des universités. Les syndicats jurent qu'ils en font autant, qu'ils font même mieux. C'est l'époque de petites tensions formatrices, de l'apprentissage de la « récupération » et de l'« exploitation » des « justes luttes ».

L'été calme le jeu. Les étudiants en vacances tournent leurs yeux vers l'Est, vers les chantiers navals de Gdansk et le petit « agitateur » qu'est à l'époque Lech Walesa.

À L'APPROCHE DES PRÉSIDENTIELLES

À la rentrée 80, nous sommes à sept mois des présidentielles. Un signe : la droite étudiante est plus présente sur les facs. Mais c'est surtout l'extrême droite qui effectue un come-back remarqué au tout premier plan de l'actualité. Plus de cent attentats depuis juin 1977. Des cimetières juifs profanés, des foyers d'étudiants plastiqués, des synagogues recouvertes de bombages antisémites. Et si l'on annonce à cette époque — déjà — la mort des idéologies, il y en a au moins une qui se porte bien : le GRECE*, le Club de l'Horloge* et *le Figaro-Magazine* commercialisent la « Nouvelle Droite ». Ses penseurs préconisent le retour au paganisme, type Walhalla, la sociobiologie ou comment dire sans tomber sous le coup de la loi qu'un blanc est supérieur à un noir. Application pratique : Bruno Mégret est supérieur à Yannick Noah. Ou Alain de Benoist à Chester Himes.

3 octobre 1980. L'explosion d'une bombe fait quatre morts rue Copernic. L'attentat est revendiqué par la FANE*, un groupuscule néonazi. Raymond Barre fait le tri entre cibles juives et « Français innocents », Giscard est à la chasse et va perdre sa place. François Mitterrand, qui n'est pas encore le candidat investi du Parti socialiste, égrène devant l'Assemblée — dans un des discours formateurs de « sa » génération — la longue liste des crimes racistes demeurés impunis, « sans suites ». La gauche se rassemble. La droite se ressemble. Jamais les choses n'ont paru aussi nettes.

Quelques semaines plus tard, le GUD* effectue plusieurs raids sur des universités parisiennes. La descente d'extrême droite est mythique. On la redoute et on l'espère en même temps. Car on a peur des gros bras peu enclins au dialogue qui distribuent gifles et coups de barre de fer avec générosité. Mais on prépare aussi la réponse. C'est l'époque où certaines facs se transforment en désert des Tartares, l'ennemi tardant à venir. En décembre, c'est « Nanterre-la-Rouge » que les défenseurs de l'ordre nouveau entendent purifier. La première vague d'assaut balaie sans grand mal les souks installés dans les bâtiments de lettres, laissant quelques blessés sur le carreau. Mais la majorité des étudiants abandonne les salles de cours pour venir repousser l'envahisseur casqué et armé de boules de pétanque, aux cris de « Le fascisme ne passera pas ». Les assaillants reculent jusqu'à la station du RER. Et il faudra l'intervention de délégués CFDT pour que des prisonniers « fachos » ne soient pas massacrés à coups de pierres sur le ballast. A la manifestation qui suit dans Paris, un superbe slogan fait recette : « Assas, assassins, assassins du GUD* au trou ! »

L'année 1981 débute par la longue grève de la faim des militants de l'IRA emprisonnés à Long Kesh. Bobby Sands meurt le 5 mai au 66e jour du mouvement. Fin août, dix grévistes de la faim auront trouvé la mort.

C'est l'époque où notre génération achève ses années d'apprentissage. Nous sommes encore contradictoires. Chaque jour, nous lisons *Libération* — encore gaucho — et *le Matin* — déjà socialo. Nous allons aux manifs interdites en espérant qu'il y aura de la cogne, voire de la casse mais nous vivons chaque consultation électorale dans la transe. Nous sommes une génération transitoire.

Aussi lorsque débute la campagne, la candidature de Coluche ne fait pas tellement recette. Chez les anciens soixante-huitards, en revanche, l'amuseur public numéro un frappe fort. Derrière le candidat Mitterrand, beaucoup d'entre nous s'engagent dans des activités saines et diverses, comme le collage d'affiches, la distribution de tracts et l'assistance aux meetings.

Citons en exemple la balade émouvante de quelques jeunes étudiants de la faculté de Nanterre, embarqués dans un car du Mouvement de la jeunesse socialiste (MJS*) le 7 mars 1981, destination Beauvais, dans l'Oise, pour le premier raout du futur président.

A l'origine, il s'agit de tourner un clip pour le candidat. Le grand Jacques Séguéla supervise les opérations au volant de sa Rolls, dont la Victoire sur le radiateur a été remplacée démocratiquement par un canard en bois. Le film — destiné aux salles obscures — ne sera jamais diffusé. Dommage. Il aurait permis de découvrir — outre nos frimousses juvéniles — les visages de quelques futurs jeunes pontes du Parti socialiste, tels Joël Carreiras, déjà peu subtil et aujourd'hui membre du comité directeur du PS, ou Jean-Loup Salzmann, déjà pénible et aujourd'hui membre du cabinet Curien. Tout ce petit monde s'agite donc pendant quelques heures, les pieds dans la boue, sur le terrain de l'aérodrome de Beauvais au son d'une scie musicale, dont le refrain est « Mitterrand, président, alors qu'est-ce qu'on attend ? »

C'est sans doute le début du culte de Tonton, mais est-ce le climat peu amène, est-ce la Rolls, est-ce la mollesse des sandwiches SNCF qui nous sont distribués ? Le fait est que la mayonnaise ne prend pas. Mitterrand paraît lui-même gagné par la morosité ambiante et agite, sans trop y croire, sa rose à la fin du meeting, au son de *l'Internationale,* chant qui lui semble aussi étranger qu'une berceuse chinoise. Dans le car, au retour, le doute domine, y compris au sein du MJS*. Personne ne croit à l'élection du député de la Nièvre.

Le premier tour de l'élection est serré. Malgré les atermoiements de Georges Marchais mais grâce aux louvoiements de Jacques Chirac, Mitterrand est bien placé dans la course. Le 5 mai 1981, les rues sont vides, trente millions de personnes suivent le débat des deux candidats.

Le 10 mai 81, l'atmosphère est tendue. Depuis quelques jours, il fait exceptionnellement chaud. L'attente est lourde. Des sondages des RG (Renseignements généraux) ont donné Giscard battu. Dès midi, nous commençons, à partir du taux de participation, à bâtir des extrapolations. Le frigidaire est plein. Champagne s'il faut rire, whisky s'il faut pleurer. A 19 h 30, nous sommes toute une bande.

Il y a des socialistes de la première et de la onzième heure, des communistes en crise et des bien portants, des « liguards » et des « décompos ». Plus aucun ne songe encore à polémiquer. Tous scrutent les visages, prennent Jean-Pierre Elkabbach, considéré alors comme un des fervents supporters de VGE, comme baromètre. « Tu trouves pas qu'il a une petite mine », « Oh, dis donc, t'as vu sa tronche ? »

A 20 heures, plus personne ne bouge. Les chaînes de télé jouent le suspense. L'ordinateur, à vitesse lente, trace le visage du nouveau président. Consternés, les Français s'aperçoivent que VGE et Mitterrand ont l'un et l'autre le crâne dégarni. Quelques secondes encore et le champagne noie l'écran. Mitterrand est président.

Des fenêtres voisines montent des cris, des rues un concert de klaxons. Dans quelques minutes, le métro sera bondé, direction Bastille. Au pied du Génie, on danse, on boit, on acclame les hommes politiques qui passent. Sous l'orage, la foule crie : « Mitterrand, du soleil ! » Les années Giscard sont mortes, l'état de grâce commence.

L'état de grâce

A l'image de la période, ce chapitre sera court. Six mois tout au plus.

Le 10 mai, nous avions franchi cette frontière qui sépare la nuit de la lumière. Car Mitterrand, c'était le socialisme plus l'électricité.

Et de fait, nous sommes proches de la béatitude. C'est l'époque où Mitterrand I, celui du Panthéon, séduit. Après la fête de la Bastille, les jeunes militants de gauche, à l'exception peut-être des plus endurcis qui avaient pratiqué le « vote révolutionnaire à droite », inaugurent le nouveau régime dans une griserie constante.

Dès le 11 mai, nous n'avions cessé d'arroser notre victoire. Dans les couloirs des facs, une insidieuse odeur de champagne se répandait. Le local du MJS* ne désemplissait pas. Jamais il n'avait connu une telle affluence. Quelques-uns en profitaient pour sauter le pas, s'inscrivaient au Parti socialiste. On ne savait si c'était par euphorie, ou par calcul. Peu importait. Nous voyions les chargés de TD et maîtres assistants, qui s'étaient épuisés à la tâche dans l'ombre de leur grand homme, entrer dans les ministères. Et nous subodorions vaguement qu'au prochain septennat ce serait nos copains de militantisme qui fileraient dans les cabinets.

Le 21 mai, nous étions des milliers sur les trottoirs de la rue Soufflot. Mitterrand avait décidé d'aller mettre quelques roses au Panthéon, histoire d'illustrer la continuité entre Schoelcher, Jaurès et lui. Il pleuvait. On reconnaissait quelques têtes et ça nous faisait plaisir : Roger Hanin, Cohn-Bendit sur le toit d'une camionnette. On se poussa du coude pour apercevoir notre président, celui qu'on avait élu, avancer au milieu d'une marée humaine et au son de *l'Hymne à la joie,* qui ne nous en procura guère. On aurait préféré *l'Internationale,* même si, depuis le meeting de Beauvais, on savait que Mitterrand n'en connaissait pas toutes les paroles. Le happening réglé par Serge Moati nous parut un peu nunuche. On fit quelques plaisanteries du type : « Ça commence bien. » Sans nous vanter, nous avions une certaine prescience des événements. Aujourd'hui, avec le recul, et surtout au vu des cérémonies ampoulées du Bicentenaire au Trocadéro et à l'Arche, une vague nostalgie nous effleure.

Mais, dans l'ensemble, c'était l'embellie, comme le disait autrefois Léon Blum. C'est l'époque où le ministre du Temps libre, André Henry, Léo Lagrange moderne, organise des fêtes place de la République, rien que pour nous. Où, comme tous les Parisiens, nous avons découvert une nouvelle promenade, qui nous conduit le soir, en petits groupes joyeux, tout près de la salle de la Mutualité désertée, rue de Bièvre, où, si le président est là, passent quelques ministrables.

Nous avions définitivement dit adieu à Giscard, croyions-nous, naïvement. Nous étions jeunes encore. Toujours empreint d'une simplicité dont il ne s'est jamais départi, VGE avait pris congé, la voix vibrante d'émotion, légèrement larmoyante, et s'en était allé laissant sur la table, entre la France et lui, un simple bouquet de fleurs des champs.

En juin, les Français grisés donnaient au Parti socialiste la majorité absolue à l'Assemblée nationale. Mauroy I, dit Gros-Quinquin — les temps étaient familiers —, formait le gouvernement avec plein de petits nouveaux et surtout quatre ministres communistes. Les vieilles querelles étaient oubliées, c'était encore mieux que 36 ! Même les grands-mères de droite s'attendrirent sur Fiterman, si bien élevé et si bien mis dans son petit costume.

C'est l'époque des réminiscences. En ces temps

si reculés, ces temps qu'il est de bon ton aujourd'hui de trouver déraisonnables, le peuple de gauche est ainsi fait. Qu'un gouvernement d'union s'installe au pouvoir et l'histoire s'arrête. Ce bon peuple oublie Guy Mollet et Jules Moch, et ne pense plus que Front populaire. Dans sa tête tourneboulée, le monde moderne s'efface. En point de mire il a toujours la guerre civile espagnole. Il pense obsessionnellement au coup d'État chilien. A la « réaction » qui relève la tête.

Mais comme disait l'autre, le grand-papa Karl, l'histoire lorsqu'elle se répète ressemble à une farce. L'état de grâce fut plutôt une comédie délicieuse. Pendant ces six mois, le « peuple de gauche » crut jouer un remake de juin 36. Un remake débonnaire, sans occupations ni grèves. Pour un peu, les Français seraient partis en vacances en tandem.

Nous n'étions pas en reste. Même si ce n'était pas si simple. Prisonniers de ces vieux rêves, nous avions un unique scénario en tête : le monde allait changer de base. Et une certitude : l'affaire ne s'arrêterait pas au changement de majorité, demain les usines seraient en grève, le gouvernement se radicaliserait sous la pression des masses. Nous étions caricaturaux. Mais nous avions des excuses. Nous étions nés à la politique sous le Programme commun. Radicalisés au temps des années Giscard, frôlant les abîmes de l'autonomie pour certains d'entre nous sans avoir la grossièreté d'en faire un fromage comme nos aînés dans le siècle du gauchisme.

Notre tout nouveau, tout beau président venait lui-même renforcer nos convictions sectaires : ne proclamait-il pas qu'il y aurait « inversion du système des valeurs et substitution d'une politique fondée sur le respect de l'homme à une politique centrée sur le profit[1] » ?

Dans un autre coin de notre tête, il y avait une seconde certitude : cette époque formidable avait le goût du grand soir, mais ce n'était pas le grand soir. Malgré tous nos excès, parce que nous avions appris aussi les bienfaits de la démocratie et les rigueurs de la crise, n'étions-nous pas les premiers à savoir confusément qu'il n'adviendrait jamais ?

En toute logique, nous aurions dû disjoncter. Et en effet, quelque peu survoltés, nous passions parfois non loin du court-jus. Ainsi, sur la lancée des années précédentes, nous avons dû faire une ou deux manifs. Il y en eut une contre la centrale de Creys-Malville et le surgénérateur Super-Phénix. Contrairement aux socialistes, sur le nucléaire, nous avions de la suite dans les idées. Cela se passait du côté de la Conciergerie. En déjà vieux routiers de ce genre d'aventures, nous regardions le Pont-au-Change avec une infinie circons-

1. François Mitterrand, 2 mai 1981.

pection. Des CRS auraient dû nous y coincer avant de nous charger. Mais les temps avaient décidément changé. Ébahis, nous avons vu sortir des cars de jeunes CRS, à l'allure fort amène. Certains portaient même de seyants foulards aux couleurs gaies. Nous ne le jurerions pas aujourd'hui, mais ils étaient peut-être rouges.

Les plus extrémistes de nos proches ne se contentaient pas de rappeler les promesses électorales, ils allaient jusqu'à rejouer le Front populaire, version Marceau Pivert[2]. Au pied du Conseil constitutionnel, sous les bannières toutes au vent déployées de la LCR*, ils s'en allèrent réclamer des nationalisations sans indemnisations.

Dans cet état d'esprit pour le moins confus, nous vécûmes notre état de grâce.

Dès le mois de mai, François Mitterrand avait pris le rythme. Il avait gracié un premier condamné à mort. Dans la foulée, Gaston Defferre avait suspendu les expulsions d'étrangers. En août, trois cent mille clandestins avaient été invités à régulariser leur situation. C'était l'été où les files d'attente s'allongeaient devant les préfectures. On parlait du vote des immigrés aux municipales, une de ces fameuses cent dix propositions, pour laquelle, semble-t-il, l'opinion était alors prête.

2. Marceau Pivert : leader de l'aile gauche pour ne pas dire gauchiste de la SFIO avant la guerre.

Bientôt, selon une conception du progrès qui n'a rien à voir avec les idéaux des Lumières, elle ne le serait plus. C'était l'automne où, enfin, Robert Badinter parvenait à abolir la peine de mort. Nous étions — pour une fois — restés muets devant la télé pendant son combat à l'Assemblée. Nous mesurions précautionneusement le chemin parcouru en jetant un coup d'œil à nos étagères où reposaient, tout cornés, *l'Exécution* et *le Pull-over rouge.* Et nous revenaient en mémoire les images du procès Buffet-Bontemps, les meutes de beaufs devant les palais de justice hurlant à la mort, la tête de Roger Gicquel assurant que la France avait peur, le procès Patrick Henry, Ranucci, Romerio et son Légitime Défense. Le discours de Badinter devait fixer pour longtemps notre fidélité au vote de gauche. Nous sommes une génération sentimentale. La Cour de sûreté de l'État avait disparu en juillet. Ce serait bientôt le tour de la loi anti-casseurs, des TPFA (tribunaux permanents des forces armées) et enfin de la loi Sécurité et Libertés.

Côté économie, on allait voir ce qu'on allait voir. Giscard était responsable de nos malheurs. Pendant des années — le bilan catastrophique de sa gestion ne s'étalerait-il pas bientôt à la une des journaux ? — il avait joué la crise contre les « intérêts des travailleurs ». L'heure de la revanche avait sonné. D'ailleurs notre nouveau président ne claironnait-il pas qu'il n'y aurait — lui vivant — jamais deux millions de chômeurs. Bonnes pâtes, nous crûmes cette fois à la « sortie du tunnel ». Nous n'étions pas seuls. Six Français sur dix croyaient alors aux vertus de la nationalisation des grandes banques, presque autant à celle des groupes industriels. Et ils étaient toujours plus de la majorité à souhaiter que l'État contrôle licenciement et embauche[3]. Des chiffres à faire aujourd'hui tomber à la renverse, et qui, plus que sur les connaissances économiques approximatives des sondés, en disaient long sur la popularité du chef de l'État et de son équipe gouvernementale[4]. Mais ces pourcentages étaient également comme une épée de Damoclès suspendue au-dessus de la tête de Mauroy I. A la moindre déception, ça chaufferait pour les partis de gauche.

Le gouvernement choisit donc une politique de relance par la consommation. Les électeurs de gauche se mobilisèrent pour la réussite, et se trompèrent de cible en achetant à qui mieux mieux magnétoscopes Sony et voitures allemandes. Le gouvernement, bientôt, en un sursaut

3. Sondages *le Figaro*-Sofres, et *l'Expansion*-Sofres, octobre 1981.

4. Élie Cohen, « Les socialistes et l'économie », in *Mars 86, la drôle de défaite de la gauche,* ouvrage collectif sous la direction d'Élizabeth Dupoirier et Gérard Grunberg, PUF, Paris, 1986.

protectionniste, se verrait forcé de stopper l'invasion nippone à Poitiers.

Côté idéologique — ça nous titillait déjà plus — le Parti socialiste choisit dès le mois de juin une politique de relance par le dogmatisme. Les résidus du libéralisme giscardo-barriste pouvaient trembler dans leurs appartements cossus du XVIe arrondissement. On allait se servir sur leur gras. On inventa l'impôt sur la fortune. Et puis Laignel brama une phrase ridicule mais sublime à l'adresse des députés de droite pendant le débat sur les nationalisations : « Vous avez juridiquement tort parce que vous êtes politiquement minoritaires. »

Et ce fut l'apothéose. Le congrès de Valence, dont la seule évocation fait encore trembler aujourd'hui le chiraquien, le barriste et le giscardien. A la tribune, Paul Quilès demanda que tombent les têtes de ceux qui, dans les administrations, s'apprêtaient à saboter le socialisme, notre socialisme, en marche. C'est l'époque où tout le monde croyait au complot de la droite. Un complot qui semblait imminent. En 1981, après un bref — trop bref — moment d'aphasie, les Chirac et autres Ponia assurèrent d'un air entendu que l'« expérience socialiste » ne durerait pas plus de deux ans. Ils n'avaient certes pas tort. Elle dura même moins que cela. Ce qu'ils n'avaient pas compris, c'est que l'abandon du socialisme tendance « tout est à nous, rien n'est à eux » ne signifierait pas pour autant leur retour au pouvoir.

Soyons francs : tous ces excès ne nous choquaient pas. La droite avait été aux commandes sans discontinuer pendant plus de vingt ans. Et pendant ces années, nos aînés nous avaient dressés contre l'État-UDR*, ce monstre tentaculaire, ce Big Brother à l'échelle française. C'est regrettable à avouer — surtout aujourd'hui où la tendance est au consensuel — mais pour nous, il n'y avait pas de doute. Quelque part, comme on disait alors, Quilès était dans le vrai. Et nous nous étonnions, un tantinet pervers, que les fervents défenseurs du libéralisme américain n'applaudissent pas à la mise en œuvre jacobine du « spoil system ».

Avouons-le, quitte à passer pour d'affreux archéos, nous aurions bien poussé la barre davantage à gauche. Si nous avions pu connaître la suite, nous aurions même dit : « C'est maintenant ou jamais. »

Côté social, il y avait des cafouillages : on attendait 35 heures et on en eut 39. C'était réaliste, mais ça faisait un peu mesquin.

Côté symbole — Dieu sait que nous sommes une génération attachée aux symboles —, nous reçûmes de plein fouet le premier revirement de taille du gouvernement : l'abandon, à l'automne, du projet de service militaire à six mois. Quelques années plus tôt, n'avions-nous pas soutenu les comités de soldats, applaudi nos camarades qui, sous les drapeaux, osaient manifester le 1er-Mai, un sac avec trois trous — deux pour les yeux, un pour la bouche — enfoncé sur la tête ? L'un de nos vieux amis de fac, un socialiste d'avant le 10 mai, au tempérament certes éruptif, en déchira sa carte.

Mis à part ces quelques détails, notre génération — et la majorité des Français avec — se sentait comblée. Nous récoltions enfin les fruits de nos jeunes années passées à s'épuiser les baskets en réclamant une justice plus juste, des mesures pour les immigrés et contre les inégalités. Sans résultat. Et voilà que, d'un coup, nous étions exaucés.

En réalité ces six mois qu'on se doit aujourd'hui de railler lorsqu'on appartient à la-gauche-moderne-et-responsable constituèrent un excellent apprentissage. Notre côté droits-de-l'homme l'emporta sur notre côté dictature-du-prolétariat. Nous vivions une époque dialectique... Mais, dans cette aventure, il y avait un risque : que la gauche de gouvernement s'oublie côté valeurs et notre soutien s'effriterait tout doucement.

C'est l'époque où le Mauroy I découvre les bienfaits sur son image de la culture jeune. Nous dirions aujourd'hui qu'il ne s'était pas attaqué au plus difficile. Car le fameux « chômage des jeunes », dont notre génération fut la première à faire la funeste expérience, prospérait. Mais, au moins, il tentait de nous distraire. Jack Lang était le maître d'œuvre des cérémonies. Bientôt, il nous concocterait des fêtes de la Musique. C'était l'époque où, avant d'encourir les foudres de l'atrabilaire Alain Finkielkraut, nous regardions en bande « Les enfants du rock ». La télé, elle aussi, avait changé. Elkabbach était parti, Danièle Gilbert aussi. Claude Sérillon et Bernard Langlois présentaient le journal. A 19 h 30 — oui à une heure de grande écoute, on ne disait pas encore prime-time —, Philippe Alfonsi officiait dans une émission « underground » consacrée aux « gens d'ici ». Michel Polac sortait du placard. Guy Lux, Mireille Mathieu disparaissaient enfin. C'est l'époque où la 5 n'était pas encore née et la Une pas encore privatisée.

C'est pourtant sur le terrain de la culture que l'état de grâce trouva à nos yeux ses premières limites. Comme nous vous l'avons déjà dit, nous avons été déstalinisés au berceau. Nos premières lectures ont été conjointement *Pif-Gadget* et *le Journal de Mickey.* Aussi l'assaut lancé sur la culture américaine par Jack Lang nous déplut profondément. Il nous faut aujourd'hui mesurer le chemin parcouru — et pour une fois dans le bon sens — par nos amis du PS. Le groupe socialiste au Parlement de Strasbourg n'a-t-il pas fait du coca-cola la boisson antifasciste en réponse aux délires de Claude Autant-Lara ? Mais en 1981, Lang boycottait le Festival du film américain à Deauville et prônait la latinité contre l'impérialisme US. Rude choc pour notre génération qui vénérait Woody Allen, Francis Ford Coppola et Stanley Kubrick et qui avait passé des soirées entières vautrée devant *Mannix, Mission impossible, l'Homme de fer, les Incorruptibles* et *Zorro* bien sûr.

La latinité, nous n'avons rien contre. Disons simplement qu'on la préfère en version salsa plutôt qu'à la mode D'Annunzio, c'est plus dansant. Et voilà que, pour la première fois, nous trouvions le gouvernement vieux jeu. L'envolée anti-impérialiste et la défense de la latinité nous parurent bien plus nobles lorsque François Mitterrand les pratiqua à Mexico. Le discours de Cancun, « message d'espoir à tous les combattants de la liberté » du tiers monde, nous combla d'aise. Finies les petites magouilles de la CIA. On les avait à l'œil désormais. On ne les laisserait plus faire. « Courage, la liberté vaincra ! » proclama notre président. C'est l'époque où l'on croit dur comme fer à la « troisième voie ».

Dès la rentrée, pourtant, nous avions compris que c'en était fini de la rigolade. La France comptait deux millions de chômeurs — Mitterrand était toujours vivant — et Pierre Mauroy déclarait que les réformes devaient être « menées sans accélération ni précipitation, mais de manière permanente et continue ». La chose ne nous préoccupa pas outre mesure. Les années Giscard étaient encore proches. En réalité, la machine s'enrayait déjà. Nous ne nous en rendions pas vraiment compte, tant nous étions encore gonflés à bloc. Bien avant qu'on nous fasse le coup de la « parenthèse », nous pensions très sincèrement que les réformes n'étaient qu'un début — air connu.

Ce ne fut donc pas cette première esquisse — sobre, il faut le reconnaître — de réalisme socialiste qui provoqua chez nous la fin brutale de l'état de grâce. Puisqu'on était en plein remake du Front populaire, Mauroy I ne trouva rien de mieux que de ranimer le fantôme de la très vieille théorie de la non-intervention, qui avait fait florès en 36. La Pologne joua le rôle de l'Espagne. Le 13 décembre 1981, Jaruzelski, que des myopes auraient pu prendre pour Pinochet en raison de ses lunettes noires, fit son petit putsch, comme un grand. A Paris, il neigeait, il faisait froid sur la place des Invalides, cet après-midi-là. Nous étions cinq mille, dix mille peut-être. Rassemblés comme on ne l'avait pas été depuis la fac derrière les drapeaux rouges des « orgas » pour une fois unies. Yves Montand vilipenda cette jeunesse qui braillait *l'Internationale*. Mieux vaut chanter *l'Internationale* à Paris avec des trotskistes en 1981 que de susurrer *le Temps des cerises* à la nomenklatura de

Moscou en 1956, pensions-nous en écoutant le Papet sermonner à la radio. Le jour même, Claude Cheysson, ministre des Relations extérieures, qui se préoccupait moins des droits de l'homme qu'aujourd'hui à la tête de la Fondation de l'Arche de la fraternité, déclarait, sûr de lui, que la France n'avait « absolument pas » l'intention de « faire quelque chose ». Il n'était pas si loin pourtant le temps où le présidentiable Michel Rocard, désormais confiné au ministère du Plan, voulait envoyer la flotte française à Gdansk. Il est vrai que tout le gouvernement, Pierre Mauroy en tête, s'appliquait à nous démontrer qu'il ne s'agissait que d'« affaires intérieures ». Ce qui, par ailleurs, n'a jamais constitué une excuse.

La semaine suivante, une nouvelle manif nous conduisait aux Invalides. Les troupes militantes de Giscard — le « petit télégraphiste de Varsovie[5] » — firent de la présence. Quelques énervés — nous en étions — bousculèrent gentiment le service d'ordre du PS aux cris de « Chacun chez soi, merci Cheysson ».

Tout rentrait dans l'ordre. A la fac, les bonnes volontés et les militants décorés du badge Solidar-

5. Surnom donné par François Mitterrand à VGE, lorsque celui-ci, en pleine invasion de l'Afghanistan par l'URSS, avait rendu une visite courtoise à Leonid Brejnev, de passage dans la capitale polonaise, et estimé que les Soviétiques avaient une « volonté politique de solution » à leur escapade afghane.

nosc — sauf le PC cela va de soi — collèrent des affiches, recueillirent des fonds, se mirent en chasse de médicaments. Les plus aventureux les acheminèrent en Pologne. Étions-nous déçus ? Surpris ? Pas vraiment. Génération transitoire, nous n'avions pas vraiment cru à la révolution ou à la baguette magique de nos dirigeants socialistes. Ces quelques mois d'utopie passés, nous retrouvions nos marques. Les méchants étaient toujours à droite, et les gentils tout de même à gauche. Une partie de notre génération choisissait le retrait — l'individualisme comme gloseraient les sociologues. Beaucoup — nous en étions — optèrent pour un soutien sans participation, ferme mais sobre. D'autres, animés des meilleures intentions du monde — peut-être ! — ou d'arrière-pensées — qui sait ? — quitteraient bientôt l'extrême gauche pour faire changer le PS.

Le réalisme socialiste

Chapitre déconseillé aux âmes sensibles. Où l'on verra nos jeunes enthousiasmes réduits en purée. Et notre génération sombrer dans l'ennui et le désœuvrement politique.

MAUROY II, MAUROY III

Tout commença avec les cantonales de mars 1982. Rappelons qu'à cette antédiluvienne époque, les cantonales passionnaient toujours les électeurs[1]. Pierre Mauroy n'avait-il pas déclaré avec sa fougue habituelle le 5 mars : « Ces élections représentent mieux qu'un sondage, puis-

1. 31,6 % d'abstentions.

qu'elles constituent un test en vraie grandeur. » Les Renseignements généraux avaient de graves problèmes à l'allumage et Mauroy devait se mordre les doigts d'avoir prononcé cette sentence. La catastrophe était d'autant plus terrible que, fidèles à la théorie des contre-pouvoirs élaborée pendant des années de vaches maigres, les socialistes venaient de doter les conseils généraux de nouvelles attributions, en vertu de la loi de décentralisation.

Pendant la campagne, l'opposition avait mis toute la gomme. Grâce au Club de l'Horloge* et autres Club 89*, elle s'était enfin forgé un arsenal idéologique. Quand la droite pense, l'événement mérite d'être salué. Nous eûmes donc droit au gouvernement « socialo-communiste » contre la République, à Badinter traité par le délicat penseur Christian Bonnet de « moisissure parisienne », à Jacques Attali accusé comme Michel Tournier — sauf que Tournier, c'est vrai — de vouloir tuer les vieillards. Après les élections, cette même droite prouva qu'elle avait bien potassé son programme d'histoire à Sciences-Po et l'on apprit ainsi que pays légal et pays réel s'étaient perdus de vue. Le bouillant maire de Paris archiva ses velléités « travaillistes », le jeune Toubon entama sa carrière de chien fou. L'esprit tourneboulé par la défaite, il nous concocta un programme d'enfer, à la pointe de la modernité : « Pas le féminisme mais la famille et la femme, pas l'écologie mais le travail et le niveau de vie, pas le régionalisme mais la nation, pas la permissivité mais la morale[2]. » Les mauvaises langues et les paranoïaques — nous en étions — traduisirent sans ambages : travail, famille, patrie.

Avec ses comités d'action républicaine — CAR* pour les initiés — qui vous avaient un air de SAC* d'avant la tuerie d'Auriol, Mégret (oui, Bruno, lui) se mit à turbiner pour toute la bande, avant de lancer des campagnes d'envergure contre les manuels marxistes et les profs moscoutaires.

Face à une défaite électorale, il n'y a pas trente-six écoles. Mais deux : on continue ou on fait la pause. Les socialistes choisirent de rendre hommage à Lénine : « Un pas en avant, deux pas en arrière. » Hélas ! Quand on décide d'accorder la retraite à soixante ans et de réduire les charges des entreprises, c'est sûr, on ne fait plaisir à personne.

C'est l'époque où, directement concernés ni par l'une ni par l'autre de ces mesures, nous nous focalisons sur une petite brouille entre deux ministres : Gaston Defferre, le premier flic de France, et Badinter, notre héros abolitionniste. Inutile de dire auquel des deux allait notre préférence. Mais rappelons le débat : à notre droite

2. 3e Assises nationales du RPR, *le Monde*, 26 janvier 1982.

— c'est le cas de le dire — le maire de Marseille qui souhaite rétablir les contrôles d'identité sur la voie publique, au nom de la sécurité. A notre gauche — bien qu'il n'appartienne pas au Parti socialiste — le garde des Sceaux qui au nom de la liberté individuelle s'y opposait. Pierre Mauroy trancha, l'Assemblée nationale, en bonne dialecticienne, entérina : l'abrogation de la loi Sécurité et Libertés d'un côté, le délit de sale gueule de l'autre. Encore une fois, le gouvernement ne plaisait à personne.

Fondamentalement, à part dans nos consciences, il ne se passa rien. A la fac, personne dans les « orgas » n'entendait réellement protester. Les jeunes socialistes passaient des déjeuners-pan-bagnats plus houleux qu'à l'accoutumée. Voilà tout. Pour le reste, nous apprenions le mouvement réflexe de la glotte qui permet d'avaler les couleuvres. Un petit apprentissage fort utile pour la suite.

A sa décharge, Gaston avait des arguments en béton, que Charles Pasqua utilisera avec encore plus de talent par la suite. A savoir : il faut terroriser les terroristes. Car, dans la France de l'immédiat après-état-de-grâce, il n'y avait pas que les prix qui faisaient boum. C'était l'époque où Georges Ibrahim Abdallah crevait l'écran et les tympans des Parisiens.

Cette défaite des principes qui nous avaient fait

voter à gauche s'accompagnait d'un recul sur le front économique. Dès le mois de mai, Pierre Mauroy confirmait qu'il faudrait « changer de vitesse ». Le virage « réaliste » nous fit doucement rigoler. Pour nous, qui n'avions pas combattu la société de consommation et avions connu les effets du choc pétrolier dès l'adolescence, l'adaptation à la dure loi « capitaliste » avait été précoce. Et comme depuis son arrivée au pouvoir Mitterrand nous avait répété qu'il n'était pas là pour tout changer, eh bien, nous n'avions guère attendu que les arbres poussent à l'envers.

Dès lors, notre problème était simple : pourquoi avions-nous compris et pas eux ? Pourquoi, comme à l'accoutumée, la gauche avait-elle promis que demain on raserait gratis ? Comment son idéologie la plus poussiéreuse avait-elle pu un temps servir de programme au gouvernement ? Il y avait eu certes la pression de la France de l'Union de la gauche qui chantait parfois en chœur, lors des 1er-Mai unitaires des années Giscard : « Tout est à nous, rien n'est à eux /Nationalisation sous contrôle ouvrier/ Sans rachat, ni indemnités. » Il y avait sans doute certains de nos gouvernants qui étaient sincères et qui croyaient aux chances d'un « socialisme à la française ». Ce qui est inquiétant. N'étaient-ils pas plus sûrement de fins lecteurs de Machiavel, prêts à caresser le peuple de gauche dans le sens du poil pour avoir ses voix ? Tout doucement, nous entrions dans l'ère du doute.

Après le changement de vitesse, Mauroy, pour récupérer ses ouailles, accomplit un superbe virage à gauche sur pneus sectaires. Si les nationalisations avaient un goût de réchauffé, la mobilisation autour de « la laïque » nous ramenait à la préhistoire du socialisme en France. Dès le mois de mai 1982, lors du centenaire de l'école laïque au Bourget, mué en « hussard noir », drapé dans la pause du tribun, le Premier ministre lança la bataille. L'affaire irait crescendo jusqu'en 1984, opposant dans une bagarre de chiffonniers les plus entêtés des laïcards aux plus rétrogrades des grenouilles de bénitier. Les deux camps n'en étaient encore qu'au stade de l'observation. L'orage couvait.

La zone des tempêtes se déplaça de Matignon à l'Élysée. Mitterrand, qui, nous le savons aujourd'hui, choisit toujours le bon moment pour se faire l'hôte des sept pays les plus industrialisés, les plus riches et les mieux habillés, organisa en juin le sommet de Versailles. Célébré en grande pompe — limousines, banquets et feux d'artifice —, le couronnement de Mitterrand, roi-soleil de la diplomatie mondiale, précéda de six jours l'annonce par Mauroy II d'une dévaluation bis, accompagnée d'un blocage des salaires. Encore ignorants de ce coup de Jarnac, nous manifestâmes contre les Sept Grands. Si nous prenons la peine de le signaler, c'est que — le lecteur l'aura compris — nous étions passés dans ce domaine à une vitesse de croisière : une manif par an au lieu de la cinquantaine qui marquait chaque année Giscard, aussi rentable de ce point de vue, que l'emprunt du même nom.

Bref, nous rendîmes tout de même grâce au chef de l'État de nous fournir l'occasion de chausser nos baskets et de nous munir de nos petits foulards car la journée promettait d'être chaude. Nous retrouvâmes les habituels compagnons de manif, la Ligue* en tête. Cette dernière avait concocté pour l'occasion — la présence à Paris des sept géants — une salsa rétro dont le refrain était « Cuba, Nicaragua y Salvador si si si, Reagan, Thatcher, imperialismo no no no ». Nous nous refusâmes à scander le mot Cuba. Le reste ne nous dérangeait pas — la honte ! Nos vieux potes autonomes précédaient le cortège, défonçant avec allégresse les vitrines de toutes les agences d'intérim et de quelques banques.

Pour ce qui est de la politique extérieure, certains disent que le président de la République est un génie. Méconnu par nous en tout cas. A peine remis des excès de Versailles, nous nous vîmes servir un plat bien plus indigeste. Bénies par le Premier ministre, les entreprises françaises partaient à la conquête de l'Est non gorbatchévisé à l'époque. Il s'agissait de la construction d'un gazoduc au fin fond de la Sibérie. Mauroy argumenta sur le mode : « Faut bien qu'on se chauffe, bordel ! » Barre, dont on avait presque oublié l'existence, donna son aval de premier économiste de France. Et pour finir, on apprit que parmi la main-d'œuvre figuraient des recrues vietnamiennes d'un STO hérité des dettes de guerre de Hanoi vis-à-vis de son grand frère soviétique. Mitterrand, qui a, il faut bien le dire, bâti la dernière partie de sa carrière politique sur le ratatinage du Parti communiste, s'asseyait sans gêne sur ses prétendus principes et les réellement nôtres.

En octobre, nous prîmes un grand coup sur la tête. Aujourd'hui, on peut penser qu'il s'agissait là du premier signe tangible de la volonté de consensus du chef de l'État. Les prémices du passage de la « gôchunie » à la « Fransunie ». On peut s'interroger. Le fait est que le Président décida de passer l'éponge sur les agissements du « quarteron de généraux en retraite ». Ces chantres de l'Algérie française avaient tenté, en 1961, d'établir un pouvoir insurrectionnel à Alger. Pour faire adopter l'amnistie des officiers putschistes — une loi type ardoise magique qui a enchanté notre enfance — Mauroy II engagea la responsabilité de son gouvernement, qui, héritier de Guy Mollet, en avait déjà beaucoup.

Notre génération, qui englobe des petits Français nés à Dunkerque ou à Tamanrasset, ne s'est certes pas battue, et pour cause, contre la guerre d'Algérie. Elle en a appris les grandes lignes dans les livres d'histoire. Mais pour connaître les détails, c'était si l'on ose dire une autre histoire. Il y avait bien sûr quelques films, genre samizdat sous le manteau, qu'on allait voir dans les salles d'art et d'essai. Rien à la télé évidemment. Et il y avait quelques livres, que nous possédions tous dans nos bibliothèques : *la Question,* d'Henri Alleg, *la Torture sous la République,* de Pierre Vidal-Naquet. Et le rite immuable de la minute de silence au métro Charonne pendant les manifs.

Il y eut aussi, le 17 octobre 1980, un long article dans *Libé* qui racontait comment, dix-neuf ans plus tôt, des dizaines d'Algériens avaient été jetés à la Seine par la police de Maurice Papon, le même qui à Bordeaux...

Ce n'était pas par gaullisme — quand même ! — ou par une croyance subite en l'exemplarité de la peine que l'affaire nous choquait. Mais nous enragions de voir, par l'arbitraire du chef de l'État, le débat clos avant d'avoir été ouvert. Nous tremblons désormais de voir bientôt transférer, dans une volonté consensuelle démiurgique, les cendres du Maréchal-le-voilà à Douaumont.

Secoués et ballottés par les aléas de ces premières années de pouvoir, nous n'avions pas pris garde à la fin de notre vie d'étudiants. Elle s'est achevée en 1982. Sans grand regret. En un an et demi, le paysage politique des campus s'était considérablement modifié.

Au centre du dispositif, les socialistes. Physiquement, ils avaient changé de look. Depuis le 10 mai, le socialiste a subi une mue insensible. Le cheveu s'est raccourci, les lunettes se sont cerclées d'écaille, et le vêtement s'est assagi. Politiquement, la transmutation est encore plus complexe, même si elle a été tout aussi invisible à l'œil nu. Le militant socialiste est riche d'un savoir nouveau. Si on regarde bien son visage, il en est d'ailleurs tout illuminé. D'autres diraient qu'il est ravi. Pour un peu, il décollerait en lévitation. Bientôt, il entrera dans les ordres, au service d'un Dieu unique, sans héritier celui-là. Contrairement aux râleurs congénitaux, lui, le militant socialiste de 1982, sait où va le gouvernement, et surtout où sont les intérêts supérieurs de la nation. Il sait quand il faut marquer le pas et sacrifier à la raison d'État. Bien avant que Rocard I, II, III, etc., n'en fasse une antienne, il connaît les rigueurs des grands équilibres. Comme il n'est pas avare de sa compétence, il en fait montre dès la moindre réserve de votre part. Et enfin il vous assène l'argument qui tue : « Je ne peux pas te dire pourquoi, mais je sais parce que X, du cabinet de Y, m'a dit que. »

Le militant du PS peut cependant faire preuve de plus de mesure, voire de réticence. Mais il hésite à vous parler. Il ne sait pas si vous êtes sûr. Regardez, partout autour de vous, la droite est là qui menace de refaire surface et de mettre fin à cette expérience socialiste, qui est, il vous l'avoue, pas tout à fait vraiment, bon c'est vrai, ce qu'il attendait. Mais patience. Le monde ne s'est pas fait en un jour.

Et, en ces premières années de septennat, le militant socialiste fait du prosélytisme à tout crin. Il a d'ailleurs réussi à gagner à sa cause quelques trublions gauchistes, qui ont fait leur entrée au PS via l'UNEF indépendante et démocratique*. Dans l'ensemble, tous ces jeunes gens étaient en ce temps-là à cent lieues des luttes fratricides qui les opposent aujourd'hui. Ils n'étaient ni fabiusiens, ni jospinistes, ni poperenistes, ni mauroyistes, ni chevènementistes. Ils étaient tous godillotistes.

A l'image de leur parti, les étudiants communistes, eux, déliquesçaient. Ils avaient un pied dans la tombe, un dans le gouvernement. On se moquait d'eux tous les jours. Lorsqu'ils entraient à trois dans la cafét', ils essuyaient des quolibets, dont le plus cruel était : « Groupuscule ! » Et, à Nanterre, leur panneau si chèrement entretenu au temps de leur splendeur était repris sans lutte par de jeunes catholiques.

D'ailleurs, il n'y avait plus de lutte du tout. Les

rares fois où nous nous rendions encore à la fac, c'était pour les pitoyables soirées d'élections universitaires. Il n'y avait même plus de jets de pattes de poulet. Chaque état-major syndical, entouré de sa garde prétorienne, se réfugiait dans divers escaliers pour étudier les résultats partiels qui lui parvenaient. Ensuite, suivant la fourchette, il descendait, l'air arrogant ou la tête basse, pour affronter l'ennemi, la tête basse ou l'air arrogant. Le plus souvent, l'UNEF-ID* — désormais proche du PS — remportait les élections et l'UNEF-Re* — toujours proche du PCF — était écrasée, ses militants devaient sortir sous les lazzi et les horions des plus excités des camarades de Jean-Christophe Cambadélis.

Cela dit, attention. Nous étions vaguement écœurés, comme après une tablette entière de chocolat blanc. Mais pas dégoûtés pour autant. Aussi quand Raymond Barre dénonça en septembre l'« échec cinglant » du gouvernement, quand VGE lança la bouche en cul-de-poule son appel aux « déçus (on comprit déchus) du socialisme », quand Ponia éructa sur Mitterrand « supercharlot », nous ricanâmes sauvagement. Ah les rats, pensions-nous, ils n'ont pas attendu longtemps pour sortir des égouts.

Et c'est dans cet état d'esprit que nous vécûmes le deuxième test-match entre la gauche et la droite. Les municipales de 1983 se terminèrent en une gigantesque ratatouille pour l'équipe Mauroy II qui décrocha la cuillère de bois. C'est à la première mi-temps que la majorité perdit la partie. Il faut dire que la droite ne négligea pas les coups bas. C'est l'époque où Le Pen entamait son come-back dans le XXe arrondissement de Paris sans que quiconque y prêtât attention. Car, c'était la droite dite classique qui faisait du lepénisme. « Il faut arrêter cette invasion par une véritable politique de l'immigration [...]. Nous demandons l'expulsion des faux étudiants et des délinquants », proclamait un tract de la liste RPR-UDF à Paris. A Grenoble, Alain Carignon était candidat du RPR et des tracts dénonçaient les origines arabes du maire socialiste Hubert Dubedout. Quant à Dreux, mais nous y reviendrons amplement, le RPR y faisait liste commune dans l'indifférence avec le Front national. Soyons honnêtes, la gauche elle aussi se laissait tenter, comme à Marseille, où Gaston Defferre faisait — fonction oblige — une campagne très jugulaire bien serrée sur la mâchoire.

Certes, on nota des abstentions au premier tour. Mais c'est juré, c'était pas nous. Notre génération fut la plus assidue dans le vote de gauche[3], battant

3. Nonna Mayer : « Pas de chrysanthèmes pour les variables sociologiques », in Élizabeth Dupoirier et Gérard Grunberg, *Mars 86, la drôle de défaite de la gauche*, PUF, Paris, 1986.

à plates coutures la génération des soixante-huitards, qui ne se mobilisa que mollement pour la défense des postes ministériels de ses anciens compagnons.

Et pourquoi votions-nous toujours à gauche ? Aujourd'hui, on se le demande. Mais en faisant un petit effort de mémoire, on peut arriver à décortiquer notre comportement de ces premières années de rigueur. Tout d'abord, Mitterrand n'était président que depuis deux ans. On aurait le temps de s'en lasser. Ce n'était pas encore fait. Voir sa tête le 31 décembre juste avant le croupion de la dinde faisait encore partie de l'exotisme de l'« expérience socialiste ». Aujourd'hui, on ferme la télé et on met un disque, la magie s'est rompue.

Ensuite, la droite n'avait pas changé. Ou si peu. Mauvaise perdante, elle essayait tout pour revenir par la grande porte au Château. Elle trépignait, la bave aux lèvres, puis susurrait des douceurs néolibérales à l'oreille de ses électeurs avant de vibrionner à nouveau lorsqu'elle apercevait un ministre communiste sortir de l'Élysée.

Enfin il y avait nous, dans une situation peu exceptionnelle mais qui nous était toute nouvelle : l'appartenance à la majorité. Cette position a généralement pour effet d'induire des comportements étonnants, dont le premier est une sorte de schizophrénie : récrimination privée et soutien public. C'est ainsi que les meilleures histoires anticommunistes se récoltent toujours Place du Colonel-Fabien. Nous n'en étions qu'au début de nos peines. Le second comportement est également bien connu : à force de convaincre les autres, on en sort convaincu soi-même. Une façon toute laïque de se mettre à genoux pour croire, comme le préconisait Pascal.

Pourtant les choses allaient de mal en pis. Une semaine après les élections, Mauroy II annonçait une dévaluation III, avant de former un nouveau gouvernement. Mauroy III prit tout de suite l'initiative d'un plan de rigueur II. Vous suivez ? Encore une fois — l'habitude était acquise — nous justifiâmes : certes, la rigueur c'est dur, mais, après tout, riches et pauvres, tout le monde y passe. Certes, l'interdiction de claquer ses économies à l'étranger, c'est un peu grotesque, mais il faut bien freiner la fuite des capitaux. Certes, cela commence à durer, mais si les patrons avaient investi, on n'en serait pas là.

Au printemps, nous fîmes une découverte : nous avions pris un sérieux coup de vieux. C'est l'époque où apparaît en fac une nouvelle génération de contestataires, et nous n'en sommes pas. Et pour cause, ils sont farouchement de droite. Des partisans forcenés de la sélection qui défilent dans des lieux inconnus comme la Concorde, avec leurs mandarins en toge, en tête de cortège. Horreur suprême, ils nous ont piqué certains de nos trucs : ils manifestent, ils barricadent, ils échauffourent... Pire encore, ils ont en leur sein des éléments incontrôlés, pas des autonomes, bien sûr, mais des fachos.

Du coup, nous arpentons les rues du Quartier latin à la nuit tombée, guettant, nostalgiques, les signes d'émeute et humant avec délices l'odeur des gaz lacrymogènes qui, pour une fois, ne nous tombent pas dessus. Car c'est l'époque où les anciens gauchistes sauvent des griffes de Gudiens* en folie des CRS qui, sous l'uniforme, restent des travailleurs. Côté ciboulot, notre parano fonctionne à plein régime. Quand nous voyons s'abattre les matraques et les bidules sur les crânes rasés, nous notons une certaine retenue dans le geste auguste des forces de l'ordre. Nous remarquons que lorsque les étudiants de droite bramment à l'adresse des CRS : « Dans la rue avec nous », certains traîtres en puissance semblent d'accord. De plus, le périmètre historique Saint-Michel-Panthéon-Jussieu est éventré par des chantiers sans grâce et nous mettons en accusation l'édile de la capitale, Jacques Chirac, qui aurait, selon nos dires, donné l'ordre aux contremaîtres de laisser bien en évidence pavés et outils pour servir d'armes aux factieux.

Quelques-uns de nos camarades — les plus extrémistes, que nous ne fréquentons plus guère — en profitent lâchement pour coincer quelques imperméables kaki dans des ruelles sombres et se livrer à une culture physique qui leur est interdite depuis la victoire de la gauche.

Quelque peu regonflée par ces retrouvailles, même indirectes, avec le pavé de Paris, notre génération militante enchaîna à la rentrée sur de nouveaux exercices pratiques. C'est l'époque où plusieurs élections ont été annulées en banlieue parisienne et à Dreux. C'est l'époque où tout résultat électoral nous passionne et où nous sommes prêts à défendre les acquis de la « gôchunie » dans la rue.

Et c'est ainsi qu'un soir somme toute assez froid d'automne, nous nous rendons en bande pas armée mais presque à Antony, où la mairie menace de passer d'un communiste bourreur d'urnes, mais sympathique au demeurant, au RPR Patrick Devedjian, épaulé par tout le staff du Club de l'Horloge*, Yves Le Gallou (oui, oui, lui) en tête. C'est l'issue d'une campagne marquée par le parallèle audacieux établi par François Léotard entre les habitants d'Antony et les combattants de la liberté afghans, tous menacés par le péril rouge.

La scène pourrait se passer de commentaires. Elle se déroule sur le parvis, juste à la sortie du RER, où se croisent en début de soirée liguards*, socialos, communistes qui, comme on dit, réalisent l'« union à la base », et fafounets et RPR-BC-BG, qui réalisent eux aussi une « alliance à la base » qui n'a rien à voir, comme chacun le sait, avec l'alliance « nationale » qui elle, c'est connu, ne s'est jamais réalisée et ne se réalisera jamais. Mais très vite, comme sur un échiquier, dès que se dessinent les premières tendances — à savoir l'écrasement de la liste conduite par le PCF — chacun reprend ses marques et l'on peut voir à gauche en sortant du RER plusieurs rangées de chevelus, le poing levé, chantant alternativement *l'Internationale* et *le Chant des partisans* et à droite, toujours en sortant du RER, des crânes d'œuf et des crânes rasés s'époumonant, certains le bras impeccablement tendu, en chantant *la Marseillaise.* La nuit est tombée depuis longtemps et l'atmosphère est lourde, malsaine, bref dangereuse. Des événements semblables eurent lieu à Aulnay et Dreux. Ce fut pire à Dreux mais nous en reparlerons.

En février 1984, la contre-révolution (une révolution ? quelle révolution ?) était aux portes des stations de sports d'hiver. Les transporteurs routiers engagèrent l'épreuve de force avec le gouvernement. Fiterman négocia. A l'heure du chocolat chaud, toute la gauche caviar tremblait à Val-d'Isère. Nous vitupérions à Paris, en proie à ce bon vieux syndrome chilien. Remontés comme des pendules, nous aurions, logiquement, dû aller grossir les rangs de la « laïque » mobilisée par Mauroy contre l'offensive des Versaillais. Las ! La mayonnaise ne prit pas. Et pourtant, les « radis noirs », les « curetons », les « corbeaux » étaient gonflants. Ils avaient réussi à mobiliser Michel Sardou, qui avait composé pour la circonstance un cantique bouleversant intitulé *les Deux Écoles*. Le chanoine Guiberteau, qui n'avait pas inventé l'eau chaude ni le vin blanc au cassis, campait en permanence devant le ministère de l'Éducation. On croisait dans la rue des bonnes sœurs badgées. Les autocollants fleurissaient sur les pare-brise des voitures des VIIe et XVIe arrondissements. Des groupes, des essaims de BC-BG se rendaient aux kermesses militantes, les petites filles avec des nœuds roses dans les cheveux et des cols Claudine et les petits garçons en short bleu marine avec des Lacoste bleu pâle.

Bref, la tension montait. Mais en face, on frôlait la catastrophe. Un catho, c'est pénible mais, en temps de paix scolaire, c'est discret. Un laïcard, quelle que soit la saison, c'est folklo. Et parfois, comme on le verra plus tard, c'est insupportable.

Au début du siècle, la laïque était dans le sens de l'Histoire, de la Commune et de l'affaire Dreyfus. École laïque cela voulait dire d'abord libre et gratuite.

Aujourd'hui, pour notre génération, le thème a peu de prises. Non que nous ayons un amour débordant pour le goupillon — le temps de la main tendue aux catholiques est révolu, et question déchristianisation, nous sommes, comme tout le monde, sur la pente ascendante. Mais lorsqu'on nous sort le mot école, ce n'est pas spontanément l'image de l'instituteur, des blouses grises et des boursiers de la IIIe République qui nous vient à l'esprit, mais plutôt celle des salles de classe bondées, des inégalités sociales et de la sélection.

Anciens sujets d'expériences d'une série de réformateurs — un coup de Faure, un coup de Haby, un coup de Monory — disons que l'on est assez chatouilleux sur la question scolaire. Nourris par Bourdieu et Passeron, Baudelot et Establet après l'avoir été par Lagarde et Michard, Morisset et Thévenot, nous avons beaucoup de mal à penser que la « laïque » a vraiment les pouvoirs émancipateurs que la « puissante FEN* » lui prête. N'avons-nous pas appris dès la classe terminale, aidés par nos bons maîtres soixante-huitards, que l'école était un « appareil idéologique d'État » (AIE pour les intimes) ?

Les preux chevaliers de la laïque détiennent ici un argumentaire de poids : si l'école publique disposait de l'argent de l'école des curés, elle serait moins inégalitaire. A quoi nous répondrons que ce serait un cautère sur une jambe de bois. Le moyen peut-être d'envisager, à l'aube des années 90, de réduire les classes de 40 à 39 élèves...

Donc nous ne défilâmes pas, le regret dans l'âme, les occasions étant rares. Les gros bataillons de la Libre Pensée étaient sensiblement plus âgés et les slogans pauvres, du genre : « Une seule école, l'école laïque » ou « Fonds publics pour l'école publique ». Consternés par le niveau du débat, nous les voyions passer avec leur barbe en collier et leur veste en coutil noir. Ils allaient vers un bide retentissant et entraînaient Mauroy III dans la dégringolade.

Il n'y avait pourtant pas si longtemps, en octobre 1983, les socialistes, réunis en congrès à Bourg-en-Bresse, avaient apporté leur « soutien résolu » à l'action du gouvernement. C'était sans surprise, mais cela nous avait un peu énervés. Oh, il y avait bien eu juste avant le cénacle des éléphants une petite agitation frénétique de Jean-Pierre Chevènement. Tempête sous un képi. Le plus militaro des socialos, avec Hernu — mais Hernu c'était plus rigolo —, était vite rentré dans le rang.

TOMBER DE MAUROY EN FABIUS

La crise qui couvait depuis quelques mois dans nos jeunes consciences éclata à l'aube des européennes de 1984. Ce fut elle qui détermina la première grosse fracture dans notre comportement électoral. Le gouvernement — solidaire du jeune Felipe Gonzalez — décida d'extrader vers l'Espagne des réfugiés basques, membres présumés de l'ETA. En vertu d'une mystérieuse procédure d'urgence absolue et au mépris des vieux principes de la gauche. Nous avions eu nos premiers émois de manifestants sur les Champs-Élysées en 1975. Lors d'une manifestation homérique contre l'exécution de cinq antifranquistes, que le vieux Caudillo agonisant entendait entraîner avec lui dans la tombe. On avait couru, hurlé à s'en casser les cordes vocales et admiré nos aînés de la LCR* qui avaient descendu sans autre forme de procès plusieurs vitrines « bourgeoises » de la plus belle avenue du monde.

De ce temps pas si lointain, nous avions gardé une sorte d'irritabilité. Et, pour nous, l'extradition d'un Basque c'était l'assurance de tortures dans des locaux sombres. Malgré le PSOE. Malgré Juan Carlos. C'est l'époque où nous conçûmes un légitime agacement contre le terrible Alain Finkielkraut (encore) qui s'escrimait dans *le Nouvel Obs* (déjà !) à démontrer que le gouvernement français avait raison.

Les élections européennes se profilaient à l'horizon. Excellente occasion, pensions-nous, de donner un avertissement sans frais au gouvernement. Nous hésitions : « Qu'est-ce qui énerverait le plus les socialistes si ce n'est le vote communiste ? Oui, mais on n'est tout de même pas tombés si bas. » Nous optâmes finalement — bien avant que ce ne soit la mode — pour le vote écologiste. Notre génération tenait toujours la dragée haute à ses rivales — surtout celle des soixante-huitards — en matière de vote à gauche mais tout cela s'effilochait sérieusement.

Divine surprise : notre action politique, même si elle n'était pas encore mûrement théorisée, s'avéra payante. Nous avions refusé de défiler avec la « laïque », nous avions boudé le socialisme, et Mauroy III s'effondrait. Maigre victoire. Car arriva aussitôt Fabius I, 38 ans aux cerises, avec Madame en 2 CV Charleston et les couches de « Biboune » et « Crevette » — charmants surnoms des enfants du couple, révélés par Madame dans une interview bouleversante de naturel au journal *Elle* — sous le siège arrière. Les ministres communistes résolvaient enfin leur problème d'équilibre — un pied dehors, un pied dedans — et quittaient le gouvernement.

Mauroy parti, les socialistes crurent se moderniser en changeant de discours et d'allure. C'est l'époque où Fabius, imitant Roosevelt, inaugure son quart d'heure télévisé au titre très rocardien « Parlons France ». Où il s'engage à n'utiliser que deux cents mots dans ses interventions pour être compris du bas peuple. C'est l'époque où François Mitterrand anime sur TF1 une série moins thrillante que *Dallas* : « Ça nous intéresse, monsieur le Président ». Où il s'y laisse interrompre par une jeune femme aux formes très rebondies vantant les mérites du cachou Lajaunie. Et échange avec Yves Mourousi, roi de la nuit, des considérations d'importance sur les « chébrans », les « blékas » et les ordinateurs. Où il revient transfiguré de Silicon Valley. C'est l'époque où Jack Lang pousse son président chéri à inaugurer Zénith sur Zénith et où l'on assiste à ce spectacle incongru d'un chef de l'État se trémoussant sur des airs de rock.

C'est l'époque où, tout doucement, le look prend le pas sur la politique. Comme on en est au début, que cela n'a pas atteint le ridicule de la campagne de 1988, nous nous en amusons.

C'est l'époque où, non content de ripoliner la forme médiatique, le gouvernement achève de ravaler la façade idéologique. Les gris-gris de la gauche tendance SFIO-Programme commun sont autoritairement rangés au rayon des accessoires.

C'est l'époque où Jean-Pierre Chevènement remplace Savary à la tête d'une Éducation qui n'a jamais été aussi nationale. Fin des activités d'éveil dans le primaire, si chères à notre éducation post-soixante-huitarde, et retour à l'instruction civique. Réintroduction de *la Marseillaise,* oubliée depuis le défunt certificat d'études. A quand le salut aux couleurs tous les matins sous le préau ?

C'est l'époque où les hauts fourneaux lorrains

mettent la clé sous la porte. A leur place pousseront bientôt des Schtroumpfs. C'est en mars 1984 que nous avons enterré nos derniers rêves ouvriéristes. Il y avait eu comme on dit une « montée nationale » des sidérurgistes à Paris. Excités comme des puces, nous étions partis à la manif, attendant sans doute un remake du 23 mars 1979. Mais les autonomes n'étaient pas venus cette fois-là. Un service d'ordre particulièrement musclé de la CGT avait paré à toutes les éventualités. Et le cortège s'était étiré, morose, jusqu'au Champ-de-Mars, où personne n'avait crié aux fenêtres pour nous accueillir, contrairement aux us et coutumes des traditionnels défilés Bastille-Nation. Ce fut ce qu'on appelait autrefois une manif pousse-mégots ou pousse-cailloux. En termes plus choisis un enterrement de première classe. Triste fin.

Depuis, la flexibilité de l'emploi a remplacé les nationalisations et le temps partiel le plein emploi. C'est l'époque où le Papet nous gonfle sérieusement et où il présente une émission pleine d'à-propos, « Vive la crise », à la télé. Tapie est devenu le « wonderboy » économique de la gauche, bientôt il sera le présidentiable idéal de Jacques Séguéla. La gauche se découvre des accents churchilliens. François Mitterrand prône « l'union, le courage et l'effort ». Laurent Fabius, la modernisation de l'économie et le rassemblement des Français. En janvier 1985, il fait moins quinze à

Paris et les Restos du cœur voient le jour. C'est l'époque de la rigueur. Des petits boulots. Des TUC* à toute heure.

Dans les années 60, les clubs Jean-Moulin avaient permis au socialisme de se refaire une santé et une âme après l'intermède Guy Mollet-pleins pouvoirs en Algérie. Vingt ans plus tard, pour faire passer le changement de ligne, le PS nous fit encore une fois le coup des clubs de réflexion. Seulement voilà, la chose n'allait pas de soi. Les socialistes durent affronter une épreuve nouvelle, à laquelle sans doute ils ne s'étaient pas bien préparés : les intellectuels, tout occupés à savoir s'il fallait avoir raison avec Aron ou tort avec Sartre, venaient dans leur grande majorité de trancher dans le sens du premier. Et, du coup, fidèle à la pusillanimité qui constitue l'essentiel de la philosophie pratique d'Aron, la gauche intellectuelle française faisait silence. C'est l'époque des implorations de Max Gallo. L'époque, qui paraît lointaine, où la moindre parole du chef de l'État ne provoquait pas des feulements extasiés. Eh oui, François Mitterrand vivait des temps difficiles : un quart des Français seulement s'avouait satisfait de lui[4]. Et le monde des arts et des lettres observait donc une réserve de bon aloi.

4. Jean-Luc Parodi, « Tout s'est joué trois ans plus tôt », in *Mars 86, op. cit.*

De plus en plus acariâtres, nous nous en tenions nous aussi, face aux critiques, à une certaine réserve. Le socialisme était sans doute une idée qui faisait son chemin, mais, ce faisant, elle lâchait un peu trop de lest. En 1985, les Français se rappelèrent que leur territoire s'étendait de Dunkerque à Nouméa, de la base d'Aspretto à Mururoa. En Nouvelle-Calédonie la nouvelle année avait été célébrée, à Nouméa, par trois attentats à la bombe, revendiqués par les anti-indépendantistes. Cela donnait une idée du climat. Chaud, très chaud. La crise avait en fait débuté en 1983. Des violences de part et d'autre et une justice plus prompte à réprimer quand l'agresseur était kanak. Rien de nouveau, même sous le soleil. Pour nous, qui étions peu réceptifs au discours sur l'importance stratégique du Caillou, peu réceptifs aussi à la poésie du colon à cheval, le fusil en bandoulière, sur fond de soleil couchant, le choix était fait d'avance. Sans pour cela succomber aux délires extrémistes et scander « Kanaky, Kanaky » dès qu'un présentateur télévisuel annonçait un sujet sur la Nouvelle-Calédonie. Le 12 janvier, les gendarmes du GIGN illustrèrent leur réputation de tireurs d'élite en abattant Eloi Machoro, un des leaders du FLNKS, et son lieutenant. Ils jurèrent bien qu'ils avaient visé l'épaule. Ça ne fit rire personne et nous eûmes, cette fois, vraiment du mal à entendre le chef de l'État prôner l'« indépendance-association ». A des milliers de kilomètres de Paris, l'état d'urgence était maintenu. Les députés socialistes furent seuls à voter cette mesure. Côté Pacifique Sud, ils n'étaient pas au bout de leurs peines. Ils y furent le 10 juillet.

Cette fois, le gouvernement atteignit le ridicule. Ridicule qui, une fois n'est pas coutume, tua. Un photographe portugais qui avait eu le malheur de se trouver sur le *Rainbow Warrior* le jour où la France décida de donner une leçon aux donneurs de leçons antinucléaires de Greenpeace. Ceux-ci s'apprêtaient à aller taquiner le poisson radioactif dans les eaux de Mururoa. Tous les développements de l'affaire, l'air calamiteux de Fabius, les justifications oiseuses d'Hernu et le suprême détachement de Mitterrand emplirent les unes des journaux. On ne parlait plus que de ça. Chaque nouvelle révélation — la lecture du *Monde* était devenue quasiment obligatoire — contribuait à la modification de l'apparence de nos camarades militants du PS. C'est cet été-là qu'ils adoptèrent une attitude plus humble, rasant souvent les murs, la tête enfoncée dans les épaules. Ils semblaient, lors de soirées où ils passaient quelques semaines plus tôt leur temps à glorifier l'action du jeune Fabius, comme prêts à s'excuser d'être là. Leur calvaire prit fin en septembre avec la démission d'Hernu, parfait dans son rôle de bouc émissaire incompris. Ils eurent encore à subir nos humeurs lorsque Fabius et Quilès, tout nouveau ministre de la Défense, ne trouvèrent rien de plus malin que d'aller jouer les matamores sans remords à Mururoa. Mais la tempête tropicale se calma. On sentait en métropole arriver les rigueurs de l'hiver. Simone Signoret venait de mourir et, avec elle, c'était beaucoup de souvenirs de nos années Giscard qui s'en allaient. Et les législatives n'étaient, finalement, pas si loin.

Côté politique politicienne, les cantonales de mars 1985 avaient remis en selle une opposition quelque peu désordonnée, mais batailleuse, voire agressive. Notre génération, obstinément, continuait à donner la majorité à la gauche. Seulement, cette fois, nous étions presque seuls. Quelques semaines plus tard, la droite, dopée par ses succès successifs, concluait un de ces pactes d'union dont elle a le secret.

La toute nouvelle union de l'opposition coïncidait avec une bagarre au sein du PS sur la proportionnelle. Rocard avait inauguré son cycle de déclarations insomniaques en faisant part, à 2 heures du matin, de sa démission du gouvernement. Officiellement, il n'était pas d'accord avec le nouveau mode de scrutin. Nous pensâmes qu'il avait senti le vent tourner. N'était-ce pas la première fois, rappelaient ses bons amis du Parti socialiste, que le chéri des sondages se faisait distancer par le tout jeune Premier ministre que le président avait donné à la France ? Peu importait. La proportionnelle avait ses avantages — elle relançait notre intérêt pour les consultations électorales, enfin il y aurait du sport — et des inconvénients — elle faisait entrer Le Pen à l'Assemblée (voir le chapitre suivant).

C'est enfin l'époque où un mot tout nouveau, tout beau fait son entrée dans le vocabulaire quotidien. C'est la cohabitation. Douces prémices du consensus. Certains se disent prêts. D'autres non. Barre est contre, Chirac est pour. Marie-France Garaud est contre, Chaban-Delmas est pour, tout comme Mitterrand, bien sûr.

Nous, nous sommes plutôt contre. Mais qui cela intéresse-t-il ? Nous ne sommes pratiquement plus, en politique, que des spectateurs. Nous ne faisons plus de manifs ou si peu : une sous la neige pour Eloi Machoro, peut-être. Nous effectuons quelques visites dans les clubs si chics de la gauche caviar. Le temps de contempler les tailleurs jaune citron de Françoise Fabius, un soir à la Maison de la chimie, de croiser quelques science-potards se poussant du coude à la Mutualité pour entendre Roland Castro parler en termes ronflants et gonflants du ravalement des façades des grands ensembles — grands ensembles qui, à l'heure qu'il est, sont toujours aussi vilains, même repeints. En bref, nous sommes une génération qui se détache.

L'ÉPOQUE DU LOOK

Cette époque bénie est aussi celle où, à la télé, le socialisme a évolué. Grâce à lui, nous avons gagné deux nouvelles chaînes. Notre horizon culturel s'est ainsi considérablement élargi. Grâce à l'ambitieux « Cherchez la femme », présenté par Amanda Lear — l'ancienne égérie de Dali, excusez du peu — nous comprenons enfin les engagements de Jack Lang. Une version audacieuse de la latinité est désormais disponible sur la 5 de Berlusconi. Nous sommes rassurés, cette chaîne est intellectuellement fiable. Marguerite Duras, qui ne perd jamais une occasion de louanger le Président, ne l'a-t-elle pas sanctifié, dans une déclaration mûrement pensée, forcément mûrement pensée ? C'est l'époque où, dans la foulée, nous ne nous avachissons plus, passifs, devant l'écran cathodique et aliénant. Nous avons enfin avec la télé un rapport ludique et adulte, consacré par le très sérieux cinéphile Serge Daney de *Libération.* Nous nous livrons au vertige du zapping. Sur la 6 — TV6 et non pas encore M6 — c'est tout de même moins galère, comme on dit en bon chébran. C'est même « bon esprit » ainsi que le proclame Alain Maneval — ponte de la

« culture rock » — dans « Tam-Tam ». Les roux redeviennent à la mode quand ils s'appellent Childéric et non plus Dany.

Les ravages du look ne nous ont pas épargnés. L'après-midi, avant de passer au Père tranquille, nous allons nous meurtrir le postérieur au café Costes sur les chaises de Philippe Starck. Grâce à la Redoute, Habitat et Ikéa, nous « redesignons » notre intérieur, en attendant de pouvoir se payer du Charlotte Perriand réédité par Andrée Putman.

Exit le pavé parisien, que vive le nightclubbing ! Le soir, nous dînons au Pacific Palisades, avant d'aller siroter des cocktails en regardant des clips au Casablanca. Si l'humeur est glamour, nous poussons jusqu'aux Bains. Nous écoutons Corazon Rebelde, les Rita Mitsouko et les Bérurier Noir, bientôt les Flageolets-Côte d'Azur et les Garçons Bouchers. Nous encensons Carte de Séjour et découvrons le raï. Nous dansons sur des rythmes africains au Tango de Serge Krüber, ou à la Chapelle des Lombards, rue de Lappe. Le Palace est out, mais c'est l'époque où nous, nous sommes terriblement in. Avec une bonne longueur d'avance sur les organisateurs du Bicentenaire de la Révolution, nous détectons, à la première image, si une pub est signée Goude, Mondino ou Chatiliez. Un reste de quant-à-soi nous fait hésiter à appliquer à nos photos de famille le traitement colorissime réservé par Kiki Picasso aux grands de ce monde.

C'est l'époque où nos idoles, pour la première fois, ont notre âge. Elles s'appellent Étienne Daho et Yannick Noah, Elli Medeiros, Antoine de Caunes et Jean-Paul Gaultier. Côté mode, exit le look baba, on est devenu de vrais pros. Lecture intensive et commentée du *Jardin des modes* et de *City* obligatoire ! Port du perfecto — c'est tellement chic — et coupe de cheveux chez Rock Hair — aux Halles bien sûr — nécessaires. Lors de nos séjours à Barcelone, nous ne cherchons plus sur les murs les traces de la guerre civile, mais, dans les magasins, les bibelots de la Movida. Modernité et métissage, tels sont nos nouveaux slogans, assez difficiles à scander au demeurant.

La bouffe elle aussi a été érigée au rang de mode. La rue nous étant désormais interdite, faute de causes à défendre, la cuisine est devenue un camp retranché où s'exacerbent toutes les passions. Autrefois, le seul nom de Lénine suffisait à enflammer les débats lors de soirées animées. Nous en sommes désormais réduits — comme une mauvaise sauce — à nous empoigner sur Senderens ou Robuchon. C'est l'époque où s'ouvrent des kyrielles de petits restaurants branchés aux Halles et où le saumon frais mariné à l'aneth remplace avantageusement dans nos assiettes les boîtes de raviolis ouvertes à la va-vite un soir en rentrant de la Mutu.

Mais, comme les branchés que nous étions quasiment devenus, nous nous ennuyions finalement beaucoup. Il était d'ailleurs de bon ton d'avoir, en société, la paupière lasse, presque tombante. Avouez qu'avoir pour seules distractions la couleur des chemises Lacoste de Thierry Ardisson, la coupe de cheveux d'Inès de La Fressange et le dernier concert à la Cigale, cela ne remplit pas une vie. Surtout quand elle a été aussi riche. Pour parler comme Gérard Miller, nos activités mondaines étaient, au niveau de notre vécu, comme un objet transitionnel à la vie politique.

Aussi paradoxal que cela puisse paraître, nous avions failli adhérer au Parti socialiste. Suivez-nous. Pas par idéologie bien sûr. Le PS n'en avait plus, malgré ses efforts de packaging, en magasin. Mais parce que, au secours, la droite revenait ! Et parce que cela aurait été très chic. Cela nous aurait permis d'obtenir plein de cartons supplémentaires pour nos soirées branchées. Cela se faisait beaucoup à l'époque. De faire la course aux cartons, pas d'adhérer au PS. Ce qui nous gênait — nous qui étions déjà presque dans la grande maison puisque nous militions tout de même à SOS-Racisme —, c'était de nous « encarter » après tant d'années de célibat. On se voyait mal, alors qu'approchait la trentaine, accomplir sur le tard le trajet du parfait petit militant. Et puis, tous nos copains du PS avaient tellement l'air de s'emmerder. Sauf les carriéristes bien sûr. Ceux-là ne s'ennuient jamais. Mais enfin, pour la grande majorité des militants, la vie quotidienne c'était quoi ? Coller quelques affiches, acheter *le Matin,* version Max Gallo, et supporter les regards en coin et les ricanements étouffés au marché le dimanche ? Oh bien sûr, il y avait tous les courants, les sous-courants et même les transcourants. On arriverait toujours à y faire son trou. Certains nous disaient même que c'était en entrant massivement par la gauche au PS qu'on ferait changer le parti. Air connu. A peine envisagée, la stratégie masochiste d'adhésion au PS fut abandonnée.

Nous continuions cependant à être de bons et de fidèles petits agents électoraux. Nos amis plus radicaux faiblissaient-ils dans leurs ardeurs démocratiques, annonçaient-ils d'un air dégoûté que la gauche et la droite, c'était comme la peste et le choléra, que, cette fois-ci, on n'était pas près de les retrouver dans les bureaux de vote, que nous déployions toute notre rhétorique.

« La gauche, prêchions-nous, c'est elle qui a aboli la peine de mort, les QHS et les TPFA. Et la Cour de sûreté de l'État. Ça t'en bouche un coin, non ? »

« 39 heures évidemment c'est pas terrible, mais rentrer une heure plus tôt chez soi, le vendredi soir, c'est pas rien... »

« La retraite à soixante ans, c'est tout de même

quelque chose. Moi ça me rappelle le Front populaire... »
« Crois-moi, c'est pas la droite qui va augmenter le SMIC ! Note, c'est pas la gauche non plus, mais bref... »
« Tu te souviens de la tête de Peyrefitte ? »
« Et l'avortement libre et gratuit, tu crois peut-être que la droite l'aurait fait passer si j'ose dire ? »
« Tu crois que sous la droite tu pourrais te gaver de clips à la télé ? »

Ce à quoi nos adversaires nous opposaient invariablement des arguments tout aussi bétonnés et judicieux :
« On se marrait mieux sous Giscard. »
« Allez, va, ça ira mieux quand la gauche sera au pouvoir. »
« Comment tu peux faire confiance à Mitterrand, quand tu connais son passé ? »
« Je préfère un gouvernement de droite, comme ça les masses se réveilleront. »
« Ils sont en train de nous bâtir l'État-PS. »
« Le prochain Premier ministre de Mitterrand, je te signale que c'est Rocard. »
« T'as vu jouer *Ben Hur* en couleurs ? »

Aujourd'hui, les deux camps, le premier s'étant toutefois considérablement déplumé, utilisent toujours les mêmes phrases, sauf celle sur le chef du gouvernement, bien entendu.

Nos motivations électorales demeuraient, en

réalité, simples, voire simplistes : avec les autres ce serait pire ! Nous avions d'ailleurs quelques objectives raisons de nous inquiéter. La droite elle aussi avait fait sa mue idéologique, mais pas dans le sens « je mets de l'eau dans mon vin » de la gauche au pouvoir. Reagan, Thatcher n'avaient qu'à bien se tenir, la droite française allait prendre la relève. Privatisations, dénationalisations, déréglementations : les libéraux-libertaires, des maniaques de la main invisible, des fétichistes de la libre entreprise, des adorateurs du marché, étaient prêts. On allait voir ce qu'on allait voir... on ne verrait d'ailleurs pas grand-chose.

Le problème du libéralisme français, c'est qu'il est toujours plus proche de Guizot que de Tocqueville. Aussi si la droite s'était économiquement ripolinée, sa doctrine sécuritaire rassemblait l'héritage doctrinal de Poniatowski et de Marcellin. Pour l'incarner, Chirac avait mis sur orbite une sorte de Fernandel en version « gore » : Charles Pasqua.

Voilà pourquoi nous votâmes. Sauf les plus désespérés — voir plus haut —, ça va de soi. A dire vrai, notre génération commençait à ressembler à une butte-témoin des riches heures de la gauche. Nos petits frères, les moins de 25 ans, emportés par les fièvres anti-savarystes, donnèrent la majorité à la droite. Forcément, nous disions-nous, pas loin de devenir des déjà vieux cons, ils ne savent pas ce que c'est que la droite. Nos aînés, les plus de 35 ans, en définitive débandade idéologique depuis Charléty, basculaient dans l'opposition. Eux, ils avaient définitivement vieilli. Nous le jurons ici : nous ne les rejoindrons jamais.

Nous n'avions certes pas accompli notre devoir électoral les yeux fermés et la fleur au fusil. Nous découvrions au contraire que l'on pouvait se contenter de voter contre, d'aller aux urnes sans espoir de changement, d'entrer dans l'isoloir en poussant des soupirs résignés.

Nous avions bientôt 30 ans et il n'y avait pas que dans les statistiques que nous nous apparentions à des brontosaures. Avec nos cadets, il n'y avait plus de communication possible. Ceux qui parmi nous avaient l'insigne honneur de promouvoir l'élitisme républicain, cher à Chevènement, dans les beaux lycées de France, découvraient de drôles de petits Français. Qui avaient été « droidlomisés » au biberon. Prononçions-nous le nom de Marx — en cours de philo ou d'histoire bien sûr, pas dans le but de « politiser » ces jeunes consciences innocentes — que les bambins nous rétorquaient « goulag ». Parlions-nous de politique — au cours d'instruction civique bien sûr, toujours pas dans le but de déformer ces jeunes âmes vierges — qu'ils répliquaient : « bonnet blanc et blanc bonnet ».

Ceux qui parmi nous les rencontraient au sein

des entreprises, où nous avions enfin consenti à participer à l'extorsion de la plus-value, découvraient de petits carriéristes à la conscience tranquille. On en tombait sur le cul, à les entendre additionner plan épargne-logement, plan de carrière, plan week-end chez le patron... et très peu de plans sexe.

Ceux qui parmi nous étaient restés encartés dans les partis politiques ne les rencontraient pas.

Ceux qui parmi nous s'étaient recyclés dans l'associatif-caritatif ne voyaient qu'eux.

Avec nos aînés, le dialogue ne s'était pas non plus renoué. Ils nous avaient bassinés pendant des lustres avec notre incompétence révolutionnaire — voir chapitre précédent. Pour eux, l'âge était venu, et ses à-côtés avec. Le petit appartement acheté dans les années 70, « à la sortie des années de plomb, tu vois ce que je veux dire... ». La bergerie retapée dans le Lubéron, un peu plus tôt, au temps des hippies en chemise pilou, de l'artisanat et du retour à la nature. « A l'époque on mangeait macrobio, ce qu'on a pu être cons, tout de même. Remarque je regrette pas, ça m'a appris plein de trucs. » Les relations, « lui, je le connais, on était à l'UNEF* ensemble, tu ne sais pas ce que c'est toi, la grande UNEF*... ». Les relations, bis : « On s'est rencontrés à la GP*, il me fera un bon papier pour mon bouquin... »

En politique aussi le soixante-huitard s'est installé. Souvent il a viré à droite, c'est l'effet sociologique dit de classe d'âge, ce que les plus prosaïques traduiront en effet dit de portefeuille. Parfois le soixante-huitard est resté à gauche. Mais attention, une gauche responsable, dépoussiérée et moderne. Bref il est socialiste. Quand il ne dédaigne pas l'action — « et pourtant, crois-moi, j'en suis revenu » — il fait dans le concret : il travaille au cabinet du ministre sur lequel il avait misé lorsqu'il était un obscur petit assistant de fac. Il précise : « Mes années de militantisme m'ont appris à super bien appréhender le réel et ça, j'vais te dire, sur le marché politique, c'est incontournable. »

Contrairement à ce qu'on pourrait penser, le soixante-huitard se révèle dans le travail. Il se subdivise alors en deux catégories :

— La première est la plus supportable. Elle se compose d'individus ouvertement bien dans leur peau. Abonnement au Fitness-Club, raquette de tennis sous le bras, il déboule dans le bureau un grand sourire aux lèvres. Ses Church — il travaille dans la pub — ou ses santiags — il travaille dans le show-biz — sous votre nez, il philosophe : « Tu vois, on a été complètement à côté de la plaque. La société de consommation, en fait, ça n'a que des avantages. C'est la démocratie, les libertés, tout quoi. Bon il y a des trucs à changer c'est vrai. Mais ça viendra, la gauche est au pouvoir pour vingt ans si on fait pas de conneries. » Il prône le capitalisme « ludique » qu'il a découvert un soir aux Bains en discutant avec Henri Weber.

— La seconde est nettement plus insupportable. Elle se compose d'individus ouvertement mal dans leur peau. Qui passent leur temps à chercher des justificatifs à leur comportement passé et présent : « Oui j'ai été mao, mais à l'époque, sous de Gaulle, c'était le seul moyen d'être dans le combat pour la démocratie. » « Bon, c'est vrai, aujourd'hui j'ai une parcelle, infime je te le souligne, de pouvoir. Mais d'abord j'en suis conscient, je suis lucide et puis imagine si c'était un salaud de droite qui était à mon poste, c'est pour ça que j'ai accepté. Tu penses si le pouvoir je m'en fous. En 1968, le pouvoir il était à ramasser par terre. Est-ce qu'on l'a fait ? Non. »

En mars 1986, lorsque la droite revient aux affaires, elle nous surprend donc en pleine débâcle idéologique. Nos convictions les plus profondes ont été soumises à un véritable chambardement. Des vaillants petits soldats de la « gôchunie » que nous étions dans nos jeunes années, nous sommes devenus des vieux grognards, sapés chez Kenzo certes, mais très désabusés. Mitterrand, qui l'ignore et qui s'en moque d'ailleurs, va nous porter les derniers coups dans les années qui viennent. Ce sera le temps de la cohabitation, du consensus et de la « Fransunie ».

La petite bête immonde qui monte qui monte

DES RESPONSABILITÉS BIEN PARTAGÉES

Durant nos années Giscard, l'extrême droite existait. Un peu. Pas beaucoup. Mais assez pour nourrir nos fantasmes horrifiques : à la sortie du lycée, pour ceux d'entre nous qui fréquentaient des établissements scolaires dans des quartiers aisés, il n'était pas rare d'apercevoir de jeunes crânes rasés distribuer des tracts signés GAJ*, GUD* ou UNI* et de revoir ces mêmes jeunes crânes coller nuitamment des affiches pour Giscard. D'où l'équation basique pour tout jeune militant de gauche : droite-extrême droite, bonnet blanc et blanc bonnet. Le nom du ministre de l'Intérieur, déjà cité, se prêtait d'ailleurs facilement à ce genre de simplification. C'est l'époque où Jacques Chirac jouait souvent de la mâchoire et où l'on détalait encore devant les CRS en les traitant de SS. Où l'on chassait à coups de pierres les imperméables verts qui osaient se risquer dans nos périmètres sacrés (voir « Nos années Giscard »). C'est l'époque de la FANE*, de Fredriksen et des siens coursés au palais de justice. Des affiches collées partout dans les facs où l'on pouvait lire au-dessus de l'image d'un rat noir et adipeux : « Écrasons la vermine fasciste ! ».

C'est l'époque où Jean-Marie Le Pen, grand brun au bandeau noir, navigue au-dessous de la barre des 1 %, en promettant pourtant déjà la France aux Français et la mer pour les immigrés. Électoralement, l'extrême droite n'est même pas un frisson. Le 10 mai 1981, mille tondus et trois pelés remontent les rues de Paris à contre-courant pour aller déposer quelques gerbes au pied de la statue de Jeanne d'Arc aux Tuileries.

Pendant deux ans, l'extrême droite rumine sa vengeance. C'est l'époque où le Club de l'Horloge* remet les pendules de l'opposition à l'heure. Où Pasqua anime une petite association de modérés, Solidarité et défense des libertés, qui regroupe, entre autres, le docteur Bachelot (oui, lui) et notre vieille copine Alice Saunier-Seité. Le 3 mai 1982, nous étions d'ailleurs allés les voir défiler contre le terrorisme. Ce fut l'occasion de douces retrouvailles avec les fachos de la fac. Les slogans étaient raffinés, comme « Le vieux porc à Marseille », élégamment destiné à Defferre.

C'est l'époque où des policiers font de jolis saluts romains sous les fenêtres de notre héros Badinter. Mais c'est aussi l'époque où Pierre Mauroy trouve que trop de travailleurs immigrés se prosternent vers La Mecque à l'heure du casse-croûte dans nos belles usines automobiles.

En général, pourtant, le calme règne. Comme chacun sait, il précède la tempête.

L'Histoire retiendra sans doute un extraordinaire concours de bonnes volontés. Toutes se sont mobilisées pour assurer au pauvre Le Pen, qui, on vous l'a dit, n'arrivait même pas à faire rembourser par l'État ses campagnes électorales, le gîte et le couvert.

Tout d'abord, une petite dose de proportionnelle permet à Le Pen d'émerger aux municipales et de se faire élire avec 11,3 % des voix, à Paris, dans le XXe arrondissement.

A Dreux, au replay de septembre, il n'y a guère que Simone Veil qui voie d'un mauvais œil la droite classique — carré Hermès et loden vert bouteille — faire alliance avec la droite extrême — blouson bomber vert kaki, doublé orange fluo, et paraboots. Le reste de l'état-major RPR-UDF fait ses calculs et s'aperçoit que laisser tomber Le Pen mettrait son compte à découvert. Dans cette bonne ville d'Eure-et-Loir, le FN a obtenu 16,7 % des suffrages au premier tour. « Je ne suis pas de ceux qui s'abstiennent, je crois qu'il faut savoir prendre des responsabilités. C'est quelquefois choisir entre des inconvénients. Je crois que l'abstention est le contraire du devoir civique », pontifie Raymond Barre pour justifier l'injustifiable, à la veille du second tour.

La gauche tombe dans le panneau et prend Le Pen pour ce qu'il n'est pas : un nazi. Car, comme il le reconnaît lui-même dans un de ses calembours dont toutes les télés et radios nous réservent l'exclusivité depuis six ans, s'il est national, il n'a rien de socialiste. Des cohortes de braves gens prennent pourtant le chemin de Dreux en sifflant *le Chant des partisans.* On lâche des ballons, des colombes, Daniel Gélin lit des poèmes. Un nouveau slogan naît, que de maigres troupes, dont nous faisons partie, étrennent fièrement : « F comme fasciste, N comme nazi, à bas, à bas le Front national ». C'est l'époque où les affiches de Le Pen se recouvrent de croix gammées. On lui restitue son bandeau et on lui offre une petite moustache carrée.

Nous croyons encore que nous sommes les plus forts. A Paris, le 3 décembre 1983, a lieu la plus grosse manif depuis l'arrivée de Mitterrand au pouvoir. Tout le monde se retrouve dans la rue. Une foule énorme est venue accueillir la marche des Beurs. Ils étaient partis des Minguettes, la banlieue maudite de Lyon, quelques semaines auparavant. La terrasse de la tour Montparnasse est noire de gens qui crient et qui chantent. On se casse la voix en poussant des youyous. On saute en l'air. On se protège du froid avec des « serpillières », les foulards palestiniens. On scande : « Première, deuxième, troisième génération, nous sommes tous des enfants d'immigrés. » Mitterrand reçoit Toumi Djaïdja et les marcheurs à l'Élysée. La carte de séjour de dix ans est enfin accordée. On fait la fête le soir à l'espace Balard.

Peine perdue. Le 13 février 1984, c'est le grand soir pour le fils du patron pêcheur de La Trinité-sur-Mer. Et nous, nous sommes littéralement collés au téléviseur. François-Henri de Virieu commence par un avertissement qui a bien dû faire rigoler Le Pen, du genre : « Vous êtes là parce que vous avez fait 17 % mais attention " L'heure de vérité " n'est pas une tribune politique. » Première nouvelle. Pour que l'émission politique ne se transforme pas en tribune politique — au départ déjà la marge est mince —, il faudrait de sacrés interviewers. Or, face à Le Pen, c'est la débâcle. Il y a deux écoles : ceux qui reculent leur siège le plus loin possible du diable et qui lui tendent un très long micro. C'est le modèle un peu moralo : « Voyons, monsieur Le Pen, un grand garçon comme vous, ça ne peut pas être antisémite », un peu indigné : « Vous pensez ce que vous dites, non réellement ? », un peu dégoûté : « Franchement, je ne sais pas si j'ai bien fait de discuter là comme ça avec vous. » Effet maximum garanti. Au début de l'émission, il n'y a que 3,5 % de sondés pour dire qu'ils voteraient Le Pen, à la fin, ils sont 7 % à écumer sur leurs fauteuils en voyant l'air horrifié du journaliste. Deuxième école : les faussement agressifs et faussement compétents. Ceux-là, c'est le sel de la vie pour Jean-Marie. Il les balade de fausses statistiques en bonnes blagues de comptoir. Tout juste s'il ne leur tape pas sur la cuisse. Au terme de l'interrogatoire, ils se retrouvent ficelés par le tribun qui encaisse ses bénéfices. Et le pire, c'est qu'ils doivent sortir du plateau en lançant à leurs proches : « J'ai pas été mauvais là, je crois que j'ai réussi à le coincer. »

Au terme de cette première soirée télévisuelle avec le gros blond, nous étions, nous, légèrement effarés. C'est l'époque où nous nous muons — et pour longtemps — en Cassandres, répétant à qui veut l'entendre — pas grand monde de fait : « Il va monter, il va nous écraser. »

Dans cet état d'esprit, partagés entre l'abattement et la haine guerrière, les fourmis dans les jambes, nous retrouvons notre terrain politique de prédilection : la rue. Las ! Le président de la

République lui-même fronce les sourcils devant nos funestes projets. C'est l'époque où, en province, Le Pen ne peut pas faire un pas sans qu'une horde hargneuse se coltine avec son service d'ordre. Et donc, Mitterrand, arbitre suprême, lâche du haut de sa grandeur, le 10 juin 1984 : « Toutes les violences employées pour que ce parti ne s'exprime pas sont répréhensibles. » Le jeudi 14 juin, dans la joie de la transgression, nous décidons de violer les saints commandements. Nous partîmes trois mille de la gare Montparnasse, mais par une prompte retraite, nous nous vîmes deux cents en arrivant à l'espace Balard. Où se tenait le meeting parisien de la tête de liste FN aux européennes.

La manif était, dans sa composition, assez traditionnelle. La Ligue* ouvrait la marche, drapeaux rouges à manche de bois amovible claquant au vent, les autonomes et les plus ou moins décompos la fermaient et les CRS l'encerclaient. Les forces de l'ordre devaient avoir eu des consignes sévères parce qu'on n'en avait jamais autant vu depuis nos années Giscard. Nous trouvions bizarre que la police d'un gouvernement socialiste protège le FN. On n'était pas au bout de nos peines. Bref, nous cheminions. « F comme fasciste, N comme nazi, à bas, à bas le Front national », « Et hop Le Pen, plus haut que Carrero (Blanco) », etc. Nous découvrions des jeunes lycéens qui avaient au bas mot dix ans de moins que nous. Ça nous revigorait l'âme manifestante. Nous étions remontés comme des pendules, prêts à l'action, même si, en fait, on n'en menait pas large. Arrivés au palais des Sports — et donc non loin du lieu du crime —, le cortège eut un moment de flottement. Les autonomes hurlèrent : « A Balard », certains empruntèrent des cours d'immeuble et des voies connues d'eux seuls pour arriver à bon port. Pendant ce temps, Alain Krivine, blanchi sous le harnais, décrétait que l'heure de la « dispersion antifasciste » avait sonné. Et nous assistâmes au spectacle hallucinant de la Ligue* repliant ses banderoles et reculant en rangs serrés en chantant *Avanti popolo.* Ce qui était pour le moins paradoxal. Après avoir copieusement insulté les lâches trotskistes — on se demande vraiment ce qui chez eux fait peur à Rocard —, nous arpentâmes, désœuvrés, les petites rues tranquilles du XVe arrondissement, sous l'œil soupçonneux des CRS en humant l'air du temps, fortement saturé en gaz lacrymogène.

Incorrigibles, nous étions rentrés la bave aux lèvres, le foulard noué sur la tête, l'œil vrillé. Certains de nos amis critiquèrent le peu de cas que nous faisions de l'idéal démocratique. « Tu ne te rends pas compte ? C'est en faire des martyrs si tu attaques leurs meetings. On est en démocratie. Il faut utiliser les armes de la démocratie. — Des clous, répondions-nous invariablement, il faut cogner. »

Quelques jours plus tard, les européennes laissèrent le débat ouvert. Nous hurlions : « Ah, elle est belle la démocratie. Si on les avait cognés, ça aurait fait des voix en moins. Il faut leur faire PEUR. — Bande de nazes, si vous n'aviez pas semé le boxon, Le Pen aurait justement eu moins de 11 % », répondaient nos amis... socialistes, précisons-le.

Rassurons-nous, là n'était vraiment pas le problème. La gauche était au creux de la vague, la droite était en capilotade, sa tête de liste cumulait aux yeux de l'électorat potentiel de Le Pen la triple tare d'être une femme, centriste et de s'appeler Simone Veil. Les 11 % de Le Pen créèrent au sein de la « gôchedésunie » l'électrochoc salutaire dont on n'osait plus rêver en haut lieu. Nous avions enfin un ennemi à notre portée. Un vrai. Un dangereux. Il fallait se remobiliser. Nous nous remobilisâmes donc. A dire vrai, sans objectifs précis, on ne voyait guère où investir notre énergie débordante.

A bout de nerfs et d'arguments, le 1er décembre 1984, nous nous rendîmes à l'arrivée du deuxième tour de France des Beurs. Cette fois, ce furent les pétrolettes qui entrèrent dans Paris. « La France, c'est comme une mobylette, pour qu'elle avance, il faut du mélange », proclamions-nous ce jour-là.

Mais l'ambiance n'était pas vraiment la même. C'était plus triste, plus tendu. Sur le trajet, quelques isolés vendaient des petites mains en carton coloré. Nous ne fîmes même pas attention au slogan, pourtant promis à un bel avenir.

LE TEMPS DE SOS

1985 commença en fanfare. C'est l'époque où d'excellents Français prennent pour cible des Turcs, des Marocains, des Algériens, bref des métèques. Les incidents se multiplient. A Nanterre, La Courneuve, Châteaubriant, Nice. Début mars, quatre jeunes Havrais décident de commencer le « nettoyage de leur ville ». Et s'offrent le tabassage en règle d'un Marocain. Le 21 mars, à Menton, Aziz Madak, qui avait eu l'extrême imprudence d'oser parler à la femme blanche, est tiré comme un lapin. Son copain, un Antillais, est blessé. Puis, ce sera l'attentat contre le Festival du cinéma juif au Rivoli-Beaubourg et Noureddine à Miramas. Pasqua n'a pas tort quand il dit qu'il règne en France un climat d'insécurité.

Un de nos amis milite à SOS-Racisme qu'on ne

désigne alors que sous le vocable « Touche pas à mon pote ». Il connaît Harlem depuis la fac. Et, le 26 mars au matin, nous le remplaçons au pied levé au lycée Voltaire pour une journée d'action contre le racisme. Pendant que Désir évolue dans une salle chauffée, devant des dizaines de lycéens en grappes sur les tables, les rebords de fenêtre et l'estrade, nous improvisons sous le préau pour ceux qui n'ont pas pu entrer. Une fois notre devoir accompli, nous buvons un café rapide avec le leader qui n'est pas encore médiatique et on promet de se revoir. Pour nous, qui n'avons jamais milité nulle part à plus de cinq, la découverte d'une organisation même naissante est une chose captivante. Dès l'après-midi, nous nous affairons au collage des enveloppes pour l'envoi des badges à tous les lycées de France et de Navarre, nous dressons des listings. Nous répondons au téléphone. Nous contenons la foule qui se presse dans l'escalier de la rue Martel.

SOS-Racisme c'est d'abord rien de moins qu'une culture d'entreprise en forme de conte de fées : il était une fois Diégo. Qui est noir, très noir. Un jour Diégo est dans le métro. Une dame croit que son portefeuille a disparu. Un à un les visages accusateurs se tournent vers lui... avant que la dame ne retrouve son portefeuille. Diégo a rendez-vous avec ses potes dans un café. Ils décident alors de passer à l'action antiraciste, en inventant un joli badge en forme de main. On connaît la suite.

SOS-Racisme c'est aussi une légende noire : comment quelques vilains anciens gauchistes devenus socialistes décidèrent un jour de manipuler de jeunes consciences innocentes, sous l'œil bienveillant de l'Élysée, en les transformant en électeurs socialistes. La vérité, comme souvent, est entre les deux.

A SOS, au presque tout début, nous tombons, un peu interloqués, sur de vieilles connaissances. Nous croyions bêtement que comme nous ils avaient pris le chemin de la vie active et des bonnes résolutions. En tête, Julien Dray, que nous avions quitté trotskiste et que nous retrouvons socialiste. A sa suite, une brochette d'anciens de la Ligue*. Et encore des socialistes, pure souche ceux-là. Avec ces vieux routiers, les rapports seront dans un premier temps un peu tendus. Après, on sera dans l'air du temps, on apprendra les mérites de la cohabitation.

Derrière la belle façade unanimiste, il y a donc eu des tensions entre les politiques et les autres. C'est le contraire qui aurait été étonnant. On aura compris que, comme d'habitude, nous faisions partie des autres. En réfléchissant bien, cela doit être incurable...

Mais si nous n'avons pas exactement le même parcours militant, nous avons les mêmes souvenirs. Nous nous aimons comme des anciens combattants. Alors, Villetaneuse, Tolbiac ou Nanterre pour passer ses années Giscard, c'est du pareil au même. Les mêmes manifs, les mêmes histoires que l'on ressasse jusqu'à plus soif. On l'aura compris, nous sommes une génération décidément très sentimentale.

Les plus politiques des membres de SOS connaissent pas mal de hic. Bien vite, l'association qui, dans un grand élan œcuménique, voulait rassembler derrière la bannière antiraciste France de gauche et France de droite, doit déchanter. Le PCF n'a pas toujours été clean dans les affaires d'antiracisme. Cinq ans plus tôt, un rien pour une génération qui cultive sa mémoire politique avec obstination, c'est à coups de bulldozer qu'il prétendait résoudre les « seuils de tolérance » — étonnant concept sorti des commissions de travail du Comité central et aujourd'hui médiatisé par notre président à tous — au-delà desquels la population immigrée n'est plus supportable pour un « béret-baguette ». Le MRAP*, son poisson pilote de l'antiracisme, lui ressemble étrangement : il n'est plus ce qu'il était. Le PCF, avant de remettre la JC* sur orbite pro-Mandela, n'a plus qu'une ligne qu'il applique aussi consciencieusement qu'à son habitude : la dénonciation de SOS, courroie de transmission du Parti socialiste. On mesure l'amusement des anciens de SOS quand, à la fête de juin 89, ils verront débarquer Philippe Herzog, entouré de tout son staff disposé en un carré protecteur... Entre-temps, les fêtes de SOS seront devenues une étape obligée pour tout candidat en période électorale.

Fin février 1985 à la Mutu, Bernard Pons est venu apporter son soutien. Ce jour-là, il y a même un stand du RPR dans les allées de la Mutualité. Il quitte la tribune assez vite. Une partie de la salle tempête : « Dreux, Dreux, Dreux ».

Le soutien aux potes de quelques ténors de la gauche gouvernante, de Jack Lang à Jean-Louis Bianco, fait également grincer les dents de nos partisans de droite qui, très vite, prennent la tangente. Comme Jacques Toubon qui, effrayé, fera marche arrière. Il ne restera guère que Lionel Stoléru, Bernard Stasi, Michel Hanoun et Simone Veil pour nous rendre visite dans les années à venir. Qu'est-ce qu'il n'entendra pas le pauvre Philippe Séguin quand, devenu ministre, il nous octroiera quelques sous pour la fête de juin 86 à la Bastille ! Et nous, qu'est-ce qu'on n'entendra pas pour les avoir pris !

Le PS — une partie du PS — fait parfois grise mine parce que c'est « Juju » qui est à la tête de SOS, et que le créneau s'avère porteur. Par la suite, quelques organisations concurrentes surgiront, avec le soutien logistique de l'un ou l'autre des pachydermes de Solferino : France Plus fortement rocardisé ou Convergence socialiste fortement jospinisé... Qu'importe au fond ! C'est l'époque où croiser dans la rue des passants dûment badgés procure un plaisir indéfinissable que nulle analyse pompeuse de nos plus célèbres éditorialistes ne parviendra à expliquer.

Dès ses débuts, SOS entame, malgré ses inclinations médiatiques, une relation passionnée donc orageuse avec les organes de presse. Notre génération avait su tirer quelques leçons de ses années de formation. Nos aînés, eux, avaient bien fini par apprendre que le profit avait du bon. Nous, nous avions cru comprendre que les médias « c'est pas dégueu ». Nous pousserons le bouchon tellement loin que bientôt toute vedette aura besoin de charité médiatique pour grimper au Top 50.

Quant à nos vieux amis soixante-huitards qui peuplent les médias, éternels désabusés, ils tournent autour de nous, le soucil levé en point d'interrogation. Autour de nous, et surtout autour de nos cadets, les lycéens qui s'agrègent en bandes le mercredi après-midi au 19 de la rue Martel. Comme ces chères têtes blondes ou crépues arborent des badges de différentes couleurs dans des compositions savantes, certains journalistes concluent, en faisant la moue, qu'il ne peut s'agir que d'une mode. D'autres saluent la mort de la « bof-génération », notent que les mêmes gamins travaillent aux Restos du cœur, envoient des mandats aux Éthiopiens. C'est la naissance du concept de « génération morale », qui atteindra son apogée explicative après décembre 1986.

Les commentaires principaux qui accompagnent donc la comète SOS ne sont pas des plus tendres. C'est l'époque où l'on apprend à déceler dans la conversation amicale du plus sympa des journalistes de *Libé* la formule assassine qui fera florès dans le quotidien du lendemain. Où, avant de célébrer l'idéal des potes, *le Canard enchaîné* exécute SOS par la plume de Sylvie Caster. Drôle d'époque... Montez une conférence de presse en banlieue, avec des victimes du racisme au quotidien, vous n'aurez pas un journaliste qui se déplacera. On ignorera même votre existence. Réagissez en organisant, au Lutétia par exemple, une autre conférence de presse, avec stars, intellos et paillettes, les mêmes journalistes qui vous boudaient hier arriveront, le sourire aux lèvres, pour finalement conclure que vous n'êtes qu'une bande de snobs « médiatiques ».

Dans l'atmosphère d'hystérie euphorique et d'inquiétude qui précède le grand concert de la Concorde, le 15 juin 1985, personne n'a vraiment le temps de s'énerver sur les commentaires faits par les uns ou les autres. Le soir du 15 juin, aucun d'entre nous n'en a plus envie. On vient de faire la preuve par 400000 que l'antiracisme est un mouvement et non une mode. Certains journalistes qui, la veille encore, doutaient de la réussite du raout, nous préviennent : « Vous ne vous en remettrez jamais ! ». Univers impitoyable. Mauvais joueurs, certains découvrent une autre forme de riposte : les présents n'étaient pas antiracistes, mais étaient des amateurs de rock, soit des décervelés.

Avec d'autres zozos du même acabit, nous avons fini par devenir des préposés aux relations presse et aux relations mondaines. Et, de là où nous sommes, la vue sur le PAF (paysage antiraciste français) est imprenable. Tout le travail consiste à chercher des soutiens pour nos bonnes actions.

C'est l'époque où nous apprenons à circonvenir les attachés de presse et les secrétaires, à chercher de l'argent, à trouver en une demi-heure trois têtes d'affiche pour un « point de presse » improvisé. Et, surtout, à ménager les susceptibilités, à résoudre des problèmes insurmontables, comme mélanger des bandes intellectuelles rivales à la tribune d'un colloque. Passés maîtres dans le chaperonnage des « vedettes médiatiques » — dites en argot-SOS des « parrains » —, nous ornons les tribunes avec tout ce que la France peut compter d'écrivains, chanteurs, avocats, médecins, psychanalystes...

Notre goût de la mondanité, du carton d'invitation, de la « branchitude » que le « réalisme socialiste » avait largement contribué à développer, trouvait enfin son épanouissement naturel et, au moins, une utilité. A nous les colloques organisés dans les théâtres début de siècle, les dîners de gala dans les restaus branchés avec tout ce que la gauche compte de caviar, les ventes de tableaux de maîtres au profit de l'association avec des commissaires-priseurs chics, les conférences de presse dans les hôtels de luxe, les petits déjeuners au Flore avec les « parrains ». Non seulement c'est terriblement efficace pour l'association — voir le chapitre médias — mais en plus ça fait baver les copines.

S'ajoutait à cela qu'avec les potes nous avions entamé une cure de jouvence. Nous retrouvions, quatre années plus tard, et la vie active venue, tout ce qui nous plaisait tant à l'époque de notre vie étudiante... D'aucuns parleront de régression infantile. Ceux-là ignorent les bonheurs de La Politique... Les réunions de « bureau » enfumées, ambiance *Il était une fois dans l'Ouest*, les tours de parole, les complots sur les banquettes de café, les jeux électroniques pour se défouler, les assemblées générales fiévreuses. De ce point de vue, côté ambiance, nous sommes servis : à SOS, les grands chefs ont blanchi depuis dix ans sous le harnais des groupuscules et des syndicats. Les autres ont tourné autour pendant ces mêmes dix années. Inutile de dire que nous avons tous de la pratique et le sens des rituels. Les nouveaux apprennent vite. Enfin, nous retrouvions la rue et les manifs, l'uniforme qui va avec, les slogans, les ventes de journaux, les tirages et les distributions de tracts... Le secret de la réussite de la bande des potes est sûrement là : un mélange de militantisme hard et de marketing choc. Le produit le plus parfait de notre génération transitoire.

Ce produit parfait et efficace était désormais rodé. Autour de SOS, c'est l'époque de la foire d'empoigne, du déchaînement des appétits et des convoitises envieuses.

Chez les soixante-huitards, comme d'habitude, il y a plusieurs écoles. Les « revenus-de-tout » ne signent pas nos pétitions et ne viennent pas à nos manifs — forcément puisqu'ils sont revenus de tout. Convaincus depuis « leur grand échec » que le militantisme, ce n'est pas la vraie vie, ils font les dégoûtés. Ils vous trouvent mondains, superficiels, avant de vous assener : « Combien de divisions ? Aucune, bien sûr ! » Effet nœuds au cerveau garanti.

Les « repentis » vous couvent du regard, vous font le coup du paternalisme et vous abreuvent de conseils. « Nous, on avait tout faux, vous, vous avez tout compris : la démocratie, les médias... » Maintenant que l'affaire est bien lancée, ils vont jusqu'à vous proposer leur aide... Certains y parviennent. Ainsi voit-on débarquer dans le local nombre de personnages qui n'avaient pas éprouvé jusque-là le besoin de se proclamer antiracistes. Parmi les nouvelles têtes, certaines nous indisposent. On ne se refait pas. Ce n'est plus à nos âges, maintenant un peu avancés, que nous allons nous mettre à aimer les maos. « Les pro-Chinois en Pro-Chine », criaient les anti-maos dans les années 60-70. Nous n'en sommes pas loin. Ce qui fait que les relations de certains — nous, au hasard — avec un Jean-Marc Salmon, par exemple, même empreintes de civilité, sont légèrement tendues.

Lui, selon l'ouvrage hagiographique *Génération*, c'est l'ancien responsable du service d'ordre des maos, auteur de quelques superbes coups de main, comme l'attaque à Saint-Germain-des-Prés d'une réunion de gros bras d'extrême droite animée par Roger Holeindre. Ancien de l'UNEF*, de la GP*, Salmon a eu comme on dit un itinéraire en dents de scie. Il a vécu en ashram, découvert à genoux l'Amérique et travaillé, avec l'ineffable Max Gallo, à promouvoir l'image du cabinet Mauroy. On a vu aux chapitres précédents que la tâche avait été rude et peu gratifiante. Devenu un bon militant socialiste, il prend un temps à SOS le contrôle de l'agit-prop.

SOS attire aussi nos anciens condisciples de fac.

Ceux qui ont maintenant choisi de faire de la politique leur métier, ceux qui ont un œil sur leurs convictions et l'autre sur un strapontin ministériel futur. Ceux-là appartiennent tous à une même catégorie : les « dépités ». Comme ils aimeraient être califes à la place du calife !

Un petit peu inquiets au début de l'afflux d'anciens membres de l'UNEF-ID*, à SOS, nous avions vite constaté, soulagés, qu'il n'y avait pas un seul imper vert de l'OCI*, entre-temps métamorphosée en PCI* puis MPPT*. Normal, les relations Dray-Cambadélis sont généralement — sauf union sacrée sur le foulard islamique — antagoniques. A moins que la grande synthèse future du Parti socialiste en mars... De plus, « Camba » avait manqué le coche, trop occupé à négocier l'entrée massive de sa horde au PS. S'apercevant que « Juju » montait en flèche, au point d'être reçu à l'Élysée par le président-lui-même-en-personne, Cambadélis se découvre à cette époque de nouvelles vertus antiracistes.

Quant aux socialistes de la première heure, ils n'ont aucune raison d'être fiers. Ils étaient déjà dans la place forte de Solferino quand nous étions encore des gauchistes écumants. Et les voilà obligés de mendier des « back-stage » les soirs de concert. Pourtant ils ne manquent pas d'ambition. Comme Alain Bauer qui, à moins de 30 ans, était devenu vice-président de l'université de Paris I. Il le dit lui-même : « J'ai choisi grand[1] ». Ceux-là sont apparemment détachés : « De toute façon, je vais te dire, j'aime pas les médias... » Ce qu'ils aiment c'est l'ombre. Ils nous font même le coup du mépris : « Les estrades, les AG, je vais te dire, j'aime pas, moi ce qui me plaît c'est la négociation, le terrain. » Comme les précédents, ils piaffent, renâclent et bouillent d'impatience.

Il y a encore les intellectuels, pas ceux de la première heure, type BHL ou Marek Halter, qui mettaient la main à la pâte, se tapaient les meetings en province et la tournée des coups de fil pour remplir les conf' de presse. Non, les autres. Ceux que nous inspirons au point qu'ils nous consacrent des chapitres entiers de leurs livres. Au point qu'ils souhaitent mettre fin à notre « hégémonie morale ». Ainsi en est-il d'Alain Finkielkraut. A l'en croire[2], dans la lignée des traîtres à l'Universel, à l'héritage des Droits-de-l'Homme, à la Culture, nous sommes des affreux et des abrutis au sens propre. Des affaiblis de la matière cérébrale à force de se trémousser sur les rythmes binaires sortant de ces incroyables appareils : les walkman. Et l'on voit ce brave garçon, autrefois

1. Sylvain Bourmeau, Dominique Cardon, Jean-Philippe Heurtin, « La gloire c'est la galère », *Politix*, n° 1, hiver 88, pp. 55-71.

2. Alain Finkielkraut, *la Défaite de la pensée*, Gallimard, Paris, 1987.

attaché à décrire les comportements amoureux de ses contemporains en termes égrillards[3], se transformer en père-la-vertu. Cet ennemi des médias décerveleurs, vaticiner sur tous les écrans. C'est une époque curieuse...

Le temps de SOS fit beaucoup pour nous aider à demeurer de bons citoyens, encore capables de déposer un bulletin dans l'urne. Nous n'étions sûrement pas les seuls dans ce cas. Avec les potes, nous avions recollé au politique, certes pas sous sa forme bassement politicienne, jamais — et pour son malheur, nous l'avons dit — nous ne franchîmes le pas qui menait souvent de l'entrée à SOS à l'appartenance à l'aile gauche du PS. Comme quoi, contrairement à ce que disent toutes les mauvaises langues que nous avons passées en revue, c'est possible. Pour la première fois, nous avions sans doute l'impression de faire à SOS quelque chose qui ressemblait à notre trentaine approchante. Le temps des doutes viendrait plus tard. A ce moment-là, à l'époque du consensus galopant, même l'agitation antiraciste ne suffira plus à faire écran, comme on dit quand on cause chic.

C'est pourtant l'époque, en cette année d'échéance électorale, où un débat, oublié depuis

3. Pascal Bruckner, Alain Finkielkraut, *le Nouveau Désordre amoureux,* le Seuil, Paris, 1977.

quelques mois, refait surface. Et avec lui nos premiers doutes sérieux. Comment agir face à Le Pen ? SOS se divise. Il y a ceux qui prônent une attaque frontale, un harcèlement quotidien. Et ceux qui voudraient bien pouvoir faire abstraction du problème. Ils expliquent que là n'est pas le rôle de SOS, qu'il ne serait pas stratégique de l'attaquer bille en tête, que le temps viendra. Ceux-là sont — un hasard ? — souvent militants du PS. Philosophes, nous devinons bien quel camp va l'emporter. Le Pen peut dormir tranquille.

VERS LES LÉGISLATIVES

Le PS est alors en pleine tempête. A-t-il ou non bien fait d'adopter la proportionnelle ? Nous nous retrouvons — pour la seule et unique occasion — sur la même longueur d'onde que Michel Rocard : non, il a eu tort.

Le débat s'engage : « C'était dans les cent dix propositions », affirment nos potes socialistes. « Et le service militaire à six mois, c'était pas dans les cent dix propositions ? » rétorquons-nous avec mauvais esprit.

Ils contre-attaquent : « La proportionnelle, c'est plus démocratique. » Quelques années plus tôt, nous aurions malgré nos engouements électoralistes susurré : « La démocratie bourgeoise... faut rien exagérer. » L'âge venant, nous trouvons enfin une occasion de rentabiliser nos longues années d'études. Nous insinuons pernicieusement que les gouvernements, au long de l'histoire, ne s'étouffent guère avec leurs principes démocratiques, sauf quand ça sent le roussi pour leur majorité parlementaire. C'est, en effet, à ce moment, et à ce moment seulement, qu'avec les moyens du bord ils se confectionnent une petite réforme du mode de scrutin pour les plus ambitieux, un petit redécoupage électoral pour les plus modestes. Généralement d'ailleurs ça ne marche pas, mais ça c'est une autre histoire.

Et c'est toujours grâce à un inlassable perfectionnisme, une volonté héroïque d'être à l'écoute de la démocratie qu'ils changent furieusement d'avis dans leur carrière, et non bien entendu au gré des conjonctures. De Gaulle, ce grand démocrate devant l'Éternel, faisait état de ces louables préoccupations dans l'immédiat après-guerre. Il défendait alors la proportionnelle : « Le résultat [du scrutin majoritaire à un tour] c'était au moins 250 communistes à l'Assemblée, et, entre autres conséquences, une représentation qui n'eût aucunement exprimé l'opinion publique[4]. » Toujours

4. Charles de Gaulle, lettre à Michel Debré, 3 juillet 1946.

mû par cet unique souci, il prônera le scrutin majoritaire, une fois son parti capable de remplir à lui seul une chambre « bleu CRS », comme après mai 68.

Un autre exemple au hasard : François Mitterrand. Dès le congrès d'Épinay, en 1971, il s'est prononcé en faveur de la proportionnelle — par souci de représentativité de l'opinion et non bien sûr parce que son indispensable allié du Programme commun la réclamait à cor et à cri. En 1981, histoire de se mettre vite en besogne uniquement, il dissout l'Assemblée mais laisse intact le scrutin majoritaire. Bien évidemment, ce n'est pas parce qu'il est quasi certain d'obtenir une superbe vague rose, et de réduire au passage le Parti communiste, en déclin persistant, à l'état d'amusante fioriture.

Si l'on suit en 1985 cette logique éminemment démocratique, on peut se livrer à une amusante prospective. Certes paranoïaque... Sauf miracle — et Mitterrand n'a pas encore accédé à cette époque à sa nature divine —, les législatives de 86 seront une ratatouille pour la gauche. Avec une bonne proportionnelle, le Premier ministre de la « droitedésunie » n'aura qu'une courte majorité à l'Assemblée, et des problèmes à chaque vote d'une loi un peu délicate. Si le FN est représenté, en application de ces louables objectifs, le scénario devient diabolique. Peut-être même qu'en passant la barre des 10 % — « Oh, pôvre, tu délires ! » ricanent nos amis, méprisants — Le Pen pourrait empêcher la droite d'obtenir sans lui la majorité des sièges...

Petit problème pour les apprentis sorciers : avec des députés, on se fabrique un groupe parlementaire, avec un groupe parlementaire des minutes d'antenne, avec des minutes d'antenne une respectabilité, avec une respectabilité, beaucoup de voix. On gagne au passage de l'argent pour ses campagnes électorales, l'immunité pour ses jeux de mots. Et les sales petites idées font beaucoup de chemin, même au sein de la droite dite traditionnelle.

Les socialistes ne désarment pas pour autant. Ni en privé nos camarades, ni en public les ténors du parti. Leur argument vedette, qu'ils assènent avec la régularité d'un métronome : « Ce n'est pas en cassant le thermomètre que l'on fait baisser la fièvre. »

Sur ce point, ils n'ont pas tort. Même en renonçant à la proportionnelle et à la logique de vote compulsif qu'elle provoquait inéluctablement chez les adeptes du Celte vigoureux, on ne soignait pas le mal pour autant. Ils avaient la théorie : « Si les gens votent Le Pen, c'est à cause de la crise, moi qui connais bien les masses, je peux te le dire. » Seulement, la crise semblait être là pour longtemps vu que, de ce côté, l'intendance gouvernementale avait du mal à modifier la donne. Quelques années plus tard, la théorie du « réparez les ascenseurs » est d'ailleurs restée à l'état de théorie. Et l'intégration des immigrés n'est toujours qu'un noble projet, guère porteur au demeurant.

Comble de malchance, les socialistes n'étaient pas tous sur la même longueur d'onde. Certains parlèrent de « problème de l'immigration ». Georgina Dufoix, ministre des Affaires sociales et « marraine » de SOS, commit une grosse gaffe en déclarant que si elle avait à choisir entre un candidat FN et un candidat de la droite classique, elle irait marcher dans les Cévennes. Nous, nous n'étions pas encore mûrs pour l'abstention. On observa même quelques mois plus tard, en ces temps difficiles, un « Premier ministre de la France » qui expliquait que si Le Pen posait les bonnes questions, il donnait les mauvaises réponses. On dira à sa décharge, et il l'a lui-même reconnu, que Fabius n'était pas dans son assiette ce soir-là.

Le résultat n'a pas été triste. La droite, malgré ses protestations d'innocence, a fait des alliances. Locales, cela va de soi, mais pourquoi donc se lancer dans d'épuisantes et méprisables alliances nationales, là où des accords au coup par coup sont aussi efficaces ? La gauche, contre vents et marées, a réformé le mode de scrutin, mais ne s'est surtout pas attaquée au plus difficile. La presse a sauté sur l'événement. L'électeur potentiel du gros blond n'avait plus qu'à franchir le pas. Il le franchit allègrement... Et le « mode de scrutin pour une démocratie moderne » ainsi que l'avait baptisé *la Lettre de Matignon*[5] offrit à la nouvelle assemblée trente-cinq députés d'extrême droite.

L'affaire aurait pu en rester là. Mais, aux élections régionales, les hommes politiques de tout bord, tourneboulés vraisemblablement par les scores de la « droite extrême », comme disent les observateurs pudiques, perdirent les pédales. Non seulement le PS ramassa une raclée et deux présidences de région sur vingt-deux seulement — une véritable dégelée de printemps —, mais les majorités se firent et se défirent au gré des fantaisies des élus FN. Depuis l'Aquitaine dûment conservée par la droite, l'ancien résistant Chaban fit une déclaration ponce-pilatienne sur ses quatre alliés de circonstance, fort encombrants : « Je suis bien obligé de les respecter en tant qu'élus du peuple et de faire en sorte que toutes les tendances soient représentées. Il n'y a pas d'élus de seconde zone. Seulement des élus du peuple. » Dans quatre autres régions, malgré une majorité relative à gauche, la droite remporta tout aussi miraculeusement qu'à Bordeaux la présidence. En Champagne-Ardenne, on atteignit le tréfonds du burlesque, les cinq élus du FN se reportèrent, contre

5. *La Lettre de Matignon*, n° 147, lundi 15 avril 1985, p. 2.

Bernard Stasi, sur le PS sans qu'aucun des éléphants de la Rue de Solferino pousse le moindre coup de trompe.

C'est en Provence-Côte d'Azur que Gaudin remporta la palme. Il fut élu dans un fauteuil grâce à un impeccable report des vingt-cinq hommes et femmes du Front national. On se demande encore par quel miracle ceux-ci y gagnèrent deux vice-présidences. A moins que, comme son voisin Jacques Blanc, agité entre les agités, ce brave Gaudin n'ait conclu comme un petit accord... L'effet de l'apparition de la bande à Le Pen sur notre comportement électoral a été complexe. Nous ne fûmes pas fiers de constater que, dans notre génération, nous ne nous distinguions guère de la masse des Français. Nous avions beau nous raconter que nous étions par nature antiracistes, nous avions tout de même réchauffé 10 % de vipères dans notre sein. Pendant longtemps, la majorité de gauche des trentenaires a puisé dans la montée du FN un regain de force électorale, une sorte d'énergie du désespoir. Certes, nous avions des griefs contre nos élus, mais il était temps de mettre son mouchoir pardessus et de se serrer les coudes. Attachés comme nous le sommes aux symboles, nous avons obéi à un réflexe de type « comité de vigilance antifasciste ». C'était notre dernière tentative pour revivre le Front populaire. Nous sommes une génération si incurablement nostalgique... Puis, tout doucement, insensiblement, vraisemblablement après la réélection de Tonton, nous avons relu l'actualité des dernières années. Recherché les tenants et les aboutissants de l'émergence du Front national. Nous avons fini par reconnaître, à contrecœur, que les torts étaient partagés. Un des derniers remparts contre l'abstentionnisme s'est alors effondré.

LA GÉNÉRATION MORALE NOUS PIQUE LA VEDETTE

Le 14 juin 1986, pour la deuxième fête de SOS à la Bastille, l'ambiance était un peu morose. La droite était revenue aux affaires. Aux dizaines de milliers de jeunes massés devant le podium, Harlem Désir lança : « Vous êtes l'avenir de ce pays. Aucune bombe, aucun excité, fût-il membre de l'Assemblée nationale, ne peut nier cette évidence. »

On l'espérait très fort. Car nous étions — nous, la génération sans histoire — des vieux routiers de la droite au pouvoir. Nos cadets, tant mieux pour eux, n'avaient vécu que sous la gauche. En juillet, quelques bavures — mortelles — accélérèrent la formation des jeunes classes. C'est dans l'ordre des choses, disions-nous, en nous remémorant les pages noires de nos années Giscard. Pasqua avait remplacé Bonnet, Chalandon tentait de s'imposer là où Peyrefitte, autrefois, avait fait des étincelles. Chirac avait retrouvé ses aises à Matignon et seule la présence muette du président en Conseil des ministres venait nous rappeler que l'« expérience socialiste » n'avait pas été que le fruit de nos imaginations.

Lorsque survint décembre 1986, nos réactions furent diverses. Il y eut tout d'abord, sans hésitation, un soutien et une participation. Quelques années seulement nous séparaient de ces cadets frondeurs qu'après tout nous avions appris à connaître à SOS. Et parmi la masse des anonymes, nombre de têtes d'affiche de notre génération s'investirent sans compter dans le mouvement de décembre, que ce soit David Assouline, Julien Dray, Harlem Désir, Philippe Darriulat ou Marc Rozenblatt. Pour nous, voir Assouline, ce furet de l'extrême gauche — il est passé par la LOR*, il repassera par la Ligue* —, sortir de Matignon, estampillé comme le représentant d'une coordination « apolitique », cela fut tout de même un choc. Et une bonne partie de rigolade.

Chez les trentenaires, il s'en passait de drôles. La bande de Questions socialistes était mobilisée comme un seul homme derrière Isabelle Thomas. Ceux qui avaient guigné les potes et s'étaient retrouvés le bec dans l'eau tâchaient de rattraper le temps perdu. Ils s'agitaient en coulisses. Dans un coin Darriulat, la trentaine frissonnante — un âge normal pour un président de syndicat étudiant —, couronnait sa carrière. Cet ancien curé rouge de l'OCI* découvrait les bonheurs de l'interview par Yves Mourousi au journal de 13 heures. Dans un autre coin, la horde de Cambadélis formait les jeunes au maniement du talkie-walkie. Dans un autre encore, la bande des socialos d'origine, type Bauer, Carreras, essayait d'engranger de futurs colleurs d'affiches pour le PS, mais surtout de se faire une place au soleil — au comité directeur du Parti socialiste. Les compositions des délégations étudiantes se ressentaient de ces vieilles lunes. Les procès dressés à Isabelle Thomas pour surmédiatisation aussi...

Ces revenants furent néanmoins bien acceptés par les étudiants et les lycéens qui se moquaient comme de leur premier Lagarde et Michard de savoir que, dans des temps déjà reculés, certains de ces jeunes gens bien mis avaient été des agitateurs trotskistes.

Les revendications des manifestants nous comblaient d'aise. « A bas la sélection », criaient-ils, et nous entendions en écho nos propres piaillements de 1976 : « A bas les facs concurrentielles... » Du coup, on chaussait à nouveau des baskets et l'on trouvait dans la glace que, vêtus du vieux jean qu'on n'avait pas mis depuis les dernières manifs SOS, eh bien, finalement, on n'avait pas trop vieilli.

Quand les frimousses gelées des lycéens apparaissaient à la télévision et qu'on les entendait demander plus d'égalité, on se rengorgeait en se disant qu'on n'avait pas servi à rien à envoyer comme ça dans les lycées nos petites mains de couleur. Bien sûr, il nous arrivait de nous interroger, l'air condescendant, sur l'avenir du mouvement. Sur la teneur de certains slogans que nous trouvions vaguement « corpo » et pas assez « révolutionnaires ». Allez, avouons-le, nous reprochions à nos cadets de faire une chose que nous n'avions jamais osé faire avec autant de franchise : réclamer leur part du gâteau et penser carrière. Là se dessinait la limite entre nous.

C'est sans doute la sincérité de la « génération morale » qui fit se pencher sur le berceau du tout nouveau, tout beau mouvement étudiant nos vieux ennemis soixante-huitards qui allèrent s'extasiant, se flagellant même à lire sur des banderoles : « 68 c'est bien, 86 c'est mieux. » « Et 76 ? » bougonnions-nous dans notre coin, éternels oubliés de la grande histoire des luttes universitaires.

Ce mois de décembre pour ceux d'entre nous qui avaient quitté le monde étudiant sonnait comme un adieu aux armes. Une dernière lutte étudiante qui n'était pas vraiment la nôtre. On avait parfois quelques scrupules, quelques pudeurs, alors on restait sur le bord des trottoirs, on marchait sur les côtés... Ces réticences s'évanouirent dans la nuit du 4 décembre, place des Invalides, quand les CRS chargèrent les kids en baskets. Beaucoup d'entre nous retrouvèrent leurs réflexes de vieux manifestants rodés dans les périodes violentes, capables de dresser entre le cortège et les forces de l'ordre un mur infranchissable. Le vieux cri de guerre remontait des profondeurs : « Tous en chaînes, bordel ! » Ceux qui n'étaient pas dans l'œil du cyclone téléphonaient à cadrans rebattus aux vieux copains : « Tu y vas ? moi je fonce. » Une nouvelle cure de jouvence...

Le moins pardonnable de nos penchants fut peut-être une vague jalousie devant ces foules juvéniles massées devant l'Assemblée nationale. Devant ces longs cortèges qui s'étiraient gaiement dans le Quartier latin. Il y eut même des bagarres — nostalgie — devant la faculté d'Assas avec les éternels Gudiens*.

De plus, les révoltés de décembre 1986 commirent pour nous l'irréparable puisqu'ils remportèrent haut la main leur victoire. Chirac et Devaquet durent capituler et retirer le projet abhorré. Yves Durand, le maître d'œuvre de la réforme, haut responsable de l'UNI*, bouillait de rage. Les gentils avaient gagné la bataille. On n'avait jamais vu cela sous les années Giscard.

Ce qu'on avait vu par contre sous les années Giscard, c'était la tragédie. Pour notre génération, baptisée sous les tirs tendus de Creys-Malville et les charges de CRS sur le parvis de Jussieu, la mort de Malik Oussekine fut un sinistre bégaiement d'une période que l'on croyait révolue. Un choc, mais pas une surprise. Pour nos cadets qui, quelques jours plus tôt, blaguaient encore avec les CRS dans les manifestations, le coup fut bien plus terrible. « Pasqua, on s'en souviendra », crièrent-ils lors des défilés qui suivirent. Tout le monde les regardait passer. Et nous sursautions en les entendant crier, comme nous dix ans plus tôt : « On n'est pas au Chili ! »

Côté politique, chacun avait joué son rôle. Les bons à gauche, les méchants à droite. Mitterrand rendait visite aux parents du jeune étudiant matraqué à mort par des motards de la police et Pasqua apportait des fleurs aux policiers blessés lors des manifestations. L'ordre des choses.

Et, du coup, comme dans la toute fin des années Giscard, nous nous remettions à envisager, voire à espérer, une victoire du candidat Mitterrand aux présidentielles de 1988. « Tonton, tiens bon », lancèrent des manifestants au président qui sortait du musée d'Orsay, accompagné de son Premier ministre à la triste figure. Une dernière fois, et malgré des réticences croissantes, nous succombions au vertige. La manière forte du gouvernement Chirac, tellement empêtré, retrouvant ses allures de matamore légendaire, face aux gentilles manifs colorées de nos cadets, était le geste de trop. Pourtant, nous mesurions, non sans une légère amertume, le temps passé. Nous savions qu'il n'y aurait pas cette fois de fête aussi belle que celle du 10 mai. Nous savions déjà ce qui arriverait une fois Mitterrand réélu. C'était simple : rien. Mais nous savions aussi ce qui arriverait si Barre — il était revenu — ou Chirac remportait la mise. Rien de bon.

Le consensus use

LA DIVINISATION DE LA GRENOUILLE

Mitterrand devait gagner. S'il se représentait, bien sûr. C'était inéluctable. Aussi évident qu'un nez au milieu d'un visage. Et cette pérennité de la gauche au pouvoir ne nous faisait pas plus d'effet que cela. « Et d'abord quelle gauche ? » demandions-nous grincheux à nos de plus en plus rares camarades socialistes. Car, depuis mars 1986, la situation déjà peu claire s'était considérablement obscurcie.

« Je préférerais renoncer à mes fonctions que renoncer aux compétences de ma fonction », avait déclaré le chef de l'État le 2 mars 1986, soit quatorze jours avant de se voir renvoyer à ses chères études sur les affaires étrangères — son domaine de prédilection — par une droite hargneuse et un électorat désabusé.

C'est l'époque où la droite décide de ne pas céder une deuxième fois aux pressions de la rue. C'est proclame-t-elle, responsable, qu'il ne faut pas remettre en cause « la politique de redressement ». Une version chiraquienne des futurs « grands équilibres » bérégovo-rocardiens... Après les étudiants, ce sont en effet les cheminots qui ont pris le pavé d'assaut, suivis d'une courte longueur par la RATP. La majorité, les inévitables Pasqua et Toubon en tête, appelle à une manif des usagers. Pasqua dans ce domaine a de l'expérience, mais peu d'imagination : en 68, il avait déjà fait le coup de l'appel au bon peuple pour arrêter les gauchistes sur les Champs-Élysées. Et voilà que par moins quinze degrés — ça nous ne l'aurions pas fait pour un ministre, même au temps de l'état de grâce — des foules égayées par ce baptême du feu, excitées par l'idée que « Oh, mon Dieu, il y aura peut-être des CRS ou des contre-manifestants », se répandent enchantées, sur la rive... droite bien entendu. Les manifestants vocifèrent alors une version moderne de « Les cocos à Moscou » : « Krasucki en Pologne ». Bien au chaud, nous ricanons devant notre téléviseur. Mitterrand, grand seigneur, reçoit les cheminots au fort de Brégançon. La gauche sourit. La droite enrage.

Très vite, après avoir capitulé pour la deuxième

fois, la droite cesse de vouloir libéraliser le monde. Passé quelques mois de danse de Saint-Guy, l'apprentissage du réel commence. Comme on dit, c'est la pause. Après cinq ans de désillusions à gauche, commence le temps des doutes à droite. « Chacun son tour », pensons-nous cyniquement. C'est l'époque où la majorité revient à ses véritables amours : caresser l'électorat dans le sens de son poil sécuritaire et moralo. C'est toujours Pasqua qui mène la danse. Campagnes contre la pornographie dans les kiosques à journaux, descente médiatique Pasqua-Pandraud dans le métro aux heures de l'insécurité. C'est une époque Starsky et Hutch. Le ministère de la Justice est de la fête : réforme du Code de la nationalité. C'est qu'il ne s'agit pas de se faire doubler sur sa droite... Balbutiements de l'Histoire et nouvelles descentes sur le pavé, baskets aux pieds : « Première, deuxième, troisième génération, nous sommes tous des enfants d'immigrés. » Des autocollants pleins les poches, nous sabotons les affiches publicitaires. Une petite fille noire dûment estampillée SOS-Racisme apostrophe : « Monsieur Chalandon, est-ce que j'ai une tête de réforme gouvernementale ? »

C'est l'époque du capitalisme populaire, de l'action Suez vantée par Catherine Deneuve, de la rigueur, de la suppression de l'impôt sur les grandes fortunes. C'est un temps caricatural.

Nous aurions dû revivre. Mais tous ces conflits ne sont, somme toute, que marquage à la culotte dans la course aux présidentielles. Confusément nous trouvons qu'il y a beaucoup de poudre aux yeux dans l'affrontement Tonton-Jacquot. Comment pourrait-il en être autrement?

Retiré sur ses terres, Mitterrand avait en acceptant de partager le pouvoir avec n'importe qui introduit un sacré poison dans nos consciences. Quand il rechignait à signer une ou deux ordonnances en Conseil des ministres, cet acte de résistance ne suscitait en nous, jeunes ingrats, aucune reconnaissance. Mais, lorsqu'il courbait l'échine devant les décisions de Chirac et consorts, nous n'avions pas assez de noms d'oiseaux dans nos répertoires pour le qualifier.

Sur le fond, ce qui nous choquait le plus, c'est que la cohabitation était, en quelque sorte, son œuvre. Il l'avait acceptée et semblait s'en contenter, se bornant à aller son petit bonhomme de chemin en répétant qu'il était là pour défendre nos acquis — ce qui ne devait pas l'accabler de travail — et jouer les « arbitres ». Or, d'arbitre, nous n'en voulions point. Nous voulions un partenaire dans la partie que nous avions engagée dans nos jeunes années contre la « réaction ».

Tant qu'à faire, selon l'alternative vieille de près de dix ans — « se soumettre ou se démettre » —, nous aurions préféré que Tonton se démette, le monde aurait retrouvé de sa clarté... les bons à gauche et les méchants à droite.

C'est l'époque non seulement de la cohabitation mais de la frivolité. « Monsieur Mitterrand ne dédaigne pas de sourire avec Pasqua », rapporte la presse. « Le président ne m'a pas dit bonjour », pleurniche Michel Noir. « Retenez-moi ou je fais un malheur », avertit Léotard. De la vie politique considérée comme du théâtre de boulevard. Plane sur la pièce un suspense insupportable : se représentera-t-Il ou ne se représentera-t-Il pas ? Là est la question.

Devant la montée des périls, la droite tente par une offensive doucereuse de décourager l'adversaire qu'elle sait très dangereux. François Mitterrand a réalisé des choses exceptionnelles. Qu'a-t-il à gagner dans une nouvelle bataille ? Il sait que s'il est candidat, à la minute même où il le sera, il s'en prendra plein la gueule, explique en substance Pasqua, un sourire débonnaire aux lèvres. Les plus incorrects préparent la grosse artillerie et commencent à se répandre sur les rides de Tonton. On épie les bilans de santé. Le débat est d'une haute tenue.

En face, la campagne d'usure des nerfs s'organise. Pour notamment court-circuiter Rocard, qui, comme d'habitude, est parti trop tôt, Jack Lang, Laurent Fabius et le fidèle Jacques Attali mettent sur pied la plus formidable machine de guerre depuis le débarquement en Normandie : la tontonmania. Nul ne sait si le chef de l'État souhaite vraiment rempiler pour sept ans. On aurait préféré cinq d'ailleurs, mais c'est une autre histoire. Nul ne sait s'il ne va pas nous planter là pour aller caresser ses ânes à Latché et goûter les joies d'une retraite que même Pasqua donc trouverait méritée. C'est l'époque de l'ex-pec-ta-tive. Il faut lui faire comprendre qu'il est indispensable. Qu'il est, face au naufrage qui s'annonce, l'homme providentiel, l'homme du recours. Vieux refrain. Sensible comme il est, expliquent nos amis socialistes, qui ont retrouvé la pêche en cette fin de cohabitation, Mitterrand ne pourra que céder à la pression populaire. Ils sont donc nombreux à se prosterner à genoux pour quémander le miracle. Inutile, face à cette marée montante, de dire que finalement on pourrait peut-être essayer une autre tête. Ce serait incongru, pour ne pas dire mal élevé.

C'est l'époque justement où la France perd la tête. Où le PS organise un meeting électoral au Zénith sans même avoir choisi son candidat et où la fête tourne en célébration ravie d'un président qui semble snober légèrement ses afficionados.

C'est l'époque où Renaud supplie : « Tonton, laisse pas béton » et où *Globe* rassemble ses offrandes au président — signatures, dessins et poèmes — sous le titre « Tonton, ne nous quitte pas ». Avec raison, Marguerite Duras écrit :

« Dire de François Mitterrand qu'il est seulement de gauche serait une erreur. » On est bien d'accord. On l'est moins quand elle décolle : « Ce qu'il y a en Mitterrand de la gauche, c'est le principal de tous les hommes et celui de chaque homme. C'est cette coïncidence entre eux et lui : le sens de la justice et de l'égalité *(sic)*. »

Fin 1987, début 1988, la France retient son souffle. Le 22 mars, le visage reposé quoique légèrement tendu, Tonton lâche le petit « oui » qui va changer le cours de l'Histoire. Il est candidat et Pasqua peut gémir parce que, pour nous accrocher, nous qui soupirons déjà résignés devant nos téléviseurs, le président ne lésine pas, vocifère contre les factieux, les clans qui menacent la « paix civile ». L'envolée pourtant fait flop. C'est décidé. Nous boudons le plaisir. Bien sûr, on se sent vaguement soulagé. Au moins, désormais, on sait où on va, mais de là à le plaindre d'être entouré de rapières... Il n'avait qu'à démissionner, cracher dans la soupe au lieu de dire, comme lors de ses vœux de Nouvel An, que finalement, à la réflexion, elle était bonne. Deux mois plus tard, le voilà qui promet sa céleste vengeance. Parce que ça y est. L'étape supplémentaire dans le délire a été franchie. Rebaptisé, si on peut dire, Dieu dans le « Bébête Show », où il apparaît depuis plusieurs années sous les traits d'une grenouille, Mitterrand semble goûter son élévation.

L'état-major de campagne du chef de l'État-candidat s'est installé avenue Franco-Russe. L'ambiance n'est pas folichonne. C'est que la campagne de Mitterrand s'organise surtout à l'Élysée. Maître d'œuvre : le redoutable duo Collé-Pilhan.

C'est l'époque où les entrées en meeting du « président-candidat » sont calculées sur les directs au 20 heures, où le moindre serrement de pogne dans un bain de foule se fait sous la contrainte du prime-time. Où Mitterrand divinisé touche les écrouelles de ceux qui réussissent à franchir le barrage des gardes du corps et des courtisans extatiques. Où le rock-clip à Tonton balance dans la figure du spectateur 400 images/minute. Où les meetings agglutinent au premier rang stars du box-office et du Top 50. Séguéla, entré en religion mitterrandolâtre depuis que le Grand Babu[1] moderne « lui a appris les arbres[2] », vend de la « génération Mitterrand » sur tous les murs de Paris.

C'est l'époque de la « Lettre à tous les Français », « sorte de réflexion en commun, comme il en arrive le soir, autour de la table, en famille », écrit notre Tonton national. Nous faisons la gri-

1. « Tout le monde y pue, y sent la charogne, y a que le Grand Babu qui sent l'eau de Cologne », Pierre Dac, chanson extraite de *Signé Furax*.

2. « Tonton ne nous quitte pas », *Globe*, n° 23, décembre 1987.

mace : à quelle famille s'adresse-t-il d'abord ? Des cousins très éloignés qu'il n'a pas vus depuis longtemps ? Et puis, le côté discussion au coin du feu, on commence à connaître. Il ne va tout de même pas nous faire le coup de s'inviter à la bonne franquette chez des grenouilles moyennes. Quant au contenu, c'est les dix nouveaux commandements révélés au peuple. Un festival de « moi je ferai ci, j'inventerai ça ». Cela va du quinquennat au référendum d'initiative populaire — on frémit — en passant par l'habituel couplet sur la politique étrangère. Il y a des projets d'une haute teneur : « J'aimerais enfin que fût introduit dans notre Constitution, au même titre que le Conseil supérieur de la magistrature et que le Conseil constitutionnel, et au même rang que les autres pouvoirs, l'organisme dont notre démocratie a grand besoin pour assurer le pluralisme, la transparence et la cohésion de notre système audiovisuel. » Tout ça pour annoncer le CSA ! La théorie du « wait and see » — on attend encore et on ne voit toujours rien — pour le vote des immigrés est là imprimée noir sur blanc. Tonton, très dame patronesse, raconte ses visites chez les pauvres de Médecins du monde et les enfants d'immigrés de Belleville. Et quitte ses « chers compatriotes » en leur promettant comme Jaurès d'aller « vers l'idéal » tout en comprenant le « réel » *(sic)*.

Dans cette campagne riche en idées, la droite

n'est pas en reste. A la « Fransunie » mitterrandienne sur fond bleu ciel de France répondent le « courage » chiraquien, visage bronzé, et le « Barre confiance », visage coincé[3]. L'un sort-il son Goldman que l'autre balance son Johnny. Un coup de Michel Berger ? Je te sors mon Alain Delon. Tu as ton Séguéla ? Pavoise pas trop, moi j'ai mon Saussez.

Dès le premier tour, la gauche fait le plein des voix dans notre génération. Six électeurs nés à la politique sous les années Giscard sur dix. Comme d'habitude, on aligne toutes les autres générations à quelques encablures. Toujours la butte-témoin... Pour Mitterrand, c'est le tapis rouge : quatre trentenaires sur dix le plébiscitent. Certains, à gauche pourtant, font une petite entorse aux Tables de la Loi : plus de 5 % de notre génération donne ses voix à Pierre Juquin.

Même chez les leaders, dans ce domaine, il y a du tangage. Les pros du syndicalisme étudiant, les ex-groupusculaires, les têtes d'affiche de décembre et des marches des Beurs se divisent en deux parties inégales. Un gros bout chez Mitterrand, un petit bout chez Juquin.

Avenue Franco-Russe, à l'occasion, nous allons saluer ceux qui, parmi nos camarades, ont réussi.

3. Des slogans tellement marquants qu'il nous a fallu faire des recherches et des efforts pour les retrouver...

Sous la houlette de Pierre Bérégovoy, tout un petit monde qui s'adore mais qui s'épie quand même s'est installé dans des bureaux aux murs gris moucheté. Quelques photos du président chéri sont censées égayer le décor. Beaucoup de désœuvrés errent dans les couloirs. On reconnaît Isabelle Thomas, Jean-Loup Salzmann, Cambadélis qui teste son sinistre look complet veston. Aux frontières du XIe et du XXe arrondissement — c'est un autre look — l'état-major des « verts et rouges » planche sur des tréteaux Ikéa. Frustrés d'action, nous filons parfois un petit coup de main à Assouline ou à Kaïssa Titous rencontrée il y a déjà longtemps dans les couloirs de SOS.

Toute l'ambiguïté de notre génération est là ! Deux stratégies à très long terme, deux plans tirés sur la comète. Pour les uns le Parti socialiste à lui seul rassemble toute la gauche. Pour faire avancer la gauche dans le sens de la gauche, il faut faire changer le parti. C'est un mitterrandisme de gauche. Pour les autres, la gauche sera toujours la gauche si elle marche sur deux jambes. Le coche et la mouche du coche. Le PC est mort — toujours les effets de la déstalinisation au biberon —, la place est à prendre. C'est un utopisme de gauche. Deux belles analyses sur le papier. Fidèles à nos premières amours communes. Très gauche-gauche. Au final, tout le monde est provisoirement le bec dans l'eau. Le mitterrandisme est devenu centrisme, et la mouche du coche se retrouve waechtérienne, tendance « pas très radicale, je suis tombée dans le DDT quand j'étais petite ».

Entre les deux tours, notre amour de la politique, passablement mis à mal par cette campagne réduite à l'affichage et aux « coups » médiatiques, prit un nouveau coup dans l'aile. D'abord nous tentions de digérer les 14,5 % de Jean-Marie Le Pen très pesants sur l'estomac. Nous avions beau, oiseaux de malheur, nous en aller répétant que les apprentis sorciers avaient bien fait leur travail, cela passait mal. Ensuite il y eut le match nul à tous les sens du terme entre « monsieur le Premier ministre » et « monsieur Mitterrand ». « Regardez-moi les yeux dans les yeux », « répétez-moi ça pour voir », « mais comment donc que vous me l'avez dit ». Un dialogue de champions de comptoir. Le Café du Commerce sur écran cathodique.

Heureusement la campagne se couronna sur les efforts de Pasqua-Pons, un tiers kermesse factieuse sur la place de la Concorde — toujours le coup éculé des Champs-Élysées —, un tiers virée coloniale en Nouvelle-Calédonie, un dernier tiers négociations pas franchement louches mais pas franchement claires non plus au Liban. Avec ce petit coup de fouet, c'est tout juste si nous ne déposâmes pas notre bulletin rose dans l'urne avec un brin de gaieté. Dans notre génération, 65 % en firent autant. Record battu. Mitterrand II, celui de la pyramide, était intronisé.

Comme sept ans plus tôt, les générations Mitterrand se retrouvèrent sur une place de Paris, cette fois la République. Comme sept ans plus tôt, un podium avait été dressé et les Parisiens de gauche chantaient en agitant des roses et des portraits du président. On croisait des anciens de la fac, à l'air responsable — « cette fois, on est là pour longtemps » — et des un peu dégrisés comme nous qui trouvaient que la fête déboucherait cette fois sur tout, sauf sur l'état de grâce.

L'OUVERTURE LASSE

Comme sept ans plus tôt toujours, mai et juin furent dominés par la composition du gouvernement et les législatives. La ressemblance s'arrêta là. C'est l'époque de la première ouverture et d'un gouvernement extrêmement provisoire. La première application de la désormais canonique Lettre à tous les Français. « L'heure est venue où d'autres, qui ne sont pas des nôtres, sauront nous rejoindre », avait prophétisé la divine grenouille.

On attend Simone Veil et Raymond Barre, qui sait ? Rocard I racle les fonds de tiroir pour récupérer — c'est le mot — quelques transfuges approximatifs. Le résultat à l'arrivée est un peu mesquin. Dans sa nasse, le nouveau Premier ministre a ramené trois misérables poissons : Durafour, Pelletier et Stoléru. Ce qui suscite chez nous quelques petites réticences. Dans nos années manifs, nous avions beaucoup usé nos baskets et nos voix contre certains décrets Bonnet-Stoléru... Nous comprenons que, cette fois, ce ne sera plus des couleuvres qu'il faudra avaler mais des boas gavés et bien gras.

Qu'à cela ne tienne, pensons-nous, incurablement attachés aux consultations électorales, ce gouvernement qui s'est également composé sous la tyrannie des courants du PS, il ne tient qu'à nous électeurs-de-gauche de le faire pencher dans le bon sens. C'est dans cet état d'esprit de stratège politique encore légèrement confiant dans le pouvoir des urnes que nous allons consciencieusement remplir notre devoir électoral aux législatives. Encore un effort avant de devenir abstentionnistes. C'est l'époque des bananes pour les candidats d'ouverture et les parachutés du Parti socialiste. Deux logiques s'affrontent. Celle de la volonté mitterrandienne — gouverner au centre — et celle des électeurs de gauche. Ceux-là — on ne les refera pas de sitôt — ont un défaut : ils aiment, malgré tous les discours sur la mort des idéologies, que les choses soient claires : la gauche d'un côté et la droite de l'autre. Ils appliquent consciencieusement les leçons apprises au temps de la « guerre civile », et les accords passés pourtant du bout des lèvres par les états-majors des partis : ils se désistent républicainement. A peine 2 % de déperdition entre le premier et le deuxième tour !

La droite aurait sûrement été comblée si ce scénario sans faille s'était appliqué aux électeurs du Front national et de l'URC — sa dernière invention — dans les Bouches-du-Rhône, où des accords — régionaux, ça va de soi — avaient été dûment conclus...

Dès les lendemains des législatives, les bons citoyens comprennent que leur avis compte pour du beurre. Pendant les soldes, l'ouverture continue. Dans l'affaire, personne n'est content. Ni les électeurs de droite qui voient Jean-Marie Rausch et Jean-Pierre Soisson, élus avec leurs voix de droite, entrer dans un gouvernement qu'ils trouvent à gauche. Ni les électeurs de gauche, qui voient arriver des hommes de droite dans un gouvernement qu'ils ne trouvent pas à gauche du tout. C'est une époque confuse. Dans nos têtes, et on ne doit pas être les seuls, s'ébauche un curieux raisonnement : à quoi ça sert que l'on se décarcasse les dimanches d'élections ?

Dans les valises de Rocard II, il y a un autre

gadget : la société civile. Une idée typique, estampillée deuxième gauche. Comment réconcilier les Français avec la politique — on attend encore la preuve qu'ils en sont alors complètement las, mais ceci est une autre affaire. Réponse : par l'ouverture à des personnalités éloignées de la politique politicienne et compétentes. Compétentes parce que spécialistes en leur domaine. Il serait alors grossier de rappeler qu'un régime a autrefois caressé ce beau rêve : Vichy. Passons.

Nous voilà donc avec un gouvernement relooké. A côté des plus doctrinaires des socialistes, Poperen, Joxe, Chevènement... siègent donc le professeur Schwarzenberg, Pierre Arpaillange et Bernard Kouchner... Il n'y aura guère que ce dernier pour tenir le rôle qu'on lui propose : être une élégante potiche, faire la conversation et passer les plats dans les dîners officiels. Les autres croient qu'ils ont été nommés là pour leurs idées. C'est l'époque des rappels à l'ordre et des démissions forcées. Que Schwarzenberg et Arpaillange disent, ministres, ce qu'ils ont toujours dit lorsqu'ils étaient d'éminents membres de la société civile et les voilà tancés par papa Rocard. L'adepte du « parler vrai » se voit pris en flagrant délit de langue de bois. Nous vivons une époque compliquée. Et surtout, malgré les pétitions de principe, une époque terriblement politicienne.

Dans les deux affaires qui ébranlèrent le début

du septennat Mitterrand II, celle qui mit en cause le garde des Sceaux nous mobilisa plus particulièrement. Nous n'avions pas changé. Il s'agissait de la levée des mesures d'isolement carcéral concernant les chefs d'Action directe. On était en juillet, les esprits s'échauffèrent. Arpaillange, ancien procureur à la Cour de cassation, décréta qu'il fallait en finir avec une pratique qualifiée par Amnesty International de « torture blanche ». Il essuya un tir de barrage à l'Assemblée, Jacques Toubon montant en première ligne sur le thème « les socialistes libèrent les terroristes », vieille rengaine. Rocard mit le genou à terre et lâcha très sec un communiqué genre « M. Arpaillange ne sait pas trop ce qu'il fait, on remet les vilains au trou ». L'affaire était close mais nous ne décolérions pas. D'autant plus que cette lamentable histoire nous avait permis de dresser un bilan au solde quelque peu négatif de l'action de la gauche en matière judiciaire. Depuis 1981, il s'en était passé des choses, mais pas dans le bon sens : les QHS avaient changé de nom, les prévenus encombraient toujours les maisons d'arrêt, il y avait des mineurs en prison et ce qui se passait derrière les murs appartenait encore au secret-défense.

Avouons-le, pour la première fois, nous étions au bout du rouleau. Bas, très bas. A ramasser à la petite cuillère. Des loques humaines. Nous avions beau passer nos nerfs sur nos camarades encartés au Parti socialiste, le cœur n'y était plus. Nos repères s'effondraient les uns après les autres. Franz-Olivier Giesbert, ce pilier de la gauche cachemire, l'enfant chéri de Jean Daniel, le dauphin désigné, ne venait-il pas d'abandonner la rédaction en chef du *Nouvel Observateur* pour celle du *Figaro* de Bob Hersant, notre ennemi à tous ? Pour la première fois, nos pauvres têtes n'arrivaient plus à découvrir d'argumentations consolantes. Pourtant, ces presque quinze années de politique nous avaient rompus aux démonstrations de mauvaise foi... Là terminé, plus rien en magasin. Panne sèche.

Dès les cantonales de septembre, plus de la moitié des électeurs n'éprouvèrent pas le besoin de se déplacer. Entre les deux tours, piqués au vif, les responsables, de la gauche à la droite et de la droite à la gauche, entamaient une campagne... d'explication identique : « Les Français ne s'intéressent pas aux élections locales. Ils n'en perçoivent pas l'utilité. Nous le regrettons, mais c'est un fait. » Bien à l'abri dans nos fauteuils de Parisiens et donc exemptés de devoir électoral, nous assistions dans nos cerveaux embrumés et déprimés à la naissance d'une idée. Une idée qui devait faire son chemin : « Pourquoi pas l'abstention ? Ne serait-ce pas la punition rêvée ? » Les petites mines chiffonnées des politiques sur les plateaux de télé ne nous montraient-elles pas la voie à suivre ?

L'abstention avait l'air de leur faire de l'effet, plus en tout cas que n'importe quelle veste électorale. C'était mal, nous le savions. Mais nous ne devions plus être si nombreux à avoir des scrupules démocratiques : au deuxième tour les abstentions progressèrent encore de deux points.

C'était la rentrée. Le débat social était dominé par la grève des infirmières. Jusque-là, l'action — ou plutôt l'inaction — de Rocard II ne nous provoquait pas de transes : ni dans un sens, ni dans un autre. Plutôt une tiède indifférence. Nous avions renoué avec l'agitation nocturne et réinvesti dans les magazines de mode. Mais Claude Evin nous rendit nos baskets et nos foulards. Sur le papier, cet homme appartient comme son maître Rocard à la deuxième gauche, qui fit fantasmer nos aînés soixante-huitards. En théorie donc — cette gauche moderne ne peuple-t-elle pas les syndicats ? —, ce ministre-là devrait être un interlocuteur bienveillant. Mais la pratique révéla une tout autre attitude : tout d'abord Michel Rocard, victime d'hallucinations très « sixties-seventies », se mit à voir des trotskistes partout. Des hordes de taupes rouges décidées à ronger tous les corps de fonctionnaires. Pour un peu, il en aurait aperçu chez les surveillants de prison.

Son camarade Evin, pour le soulager, se résolut à négocier avec des syndicats ultra-minoritaires mais propres, pas avec des coordinations ultramajoritaires, mais véritables nids à gauchistes infiltrés... C'est l'époque où tous les membres du gouvernement, tous les responsables socialistes et tous les hiérarques de l'URC se découvrent des parents ou des cousines infirmières.

C'est donc les nerfs en pelote que notre génération politique retrouve la rue, un samedi d'octobre, derrière les blouses blanches. C'est l'époque où Rocard renoue lui aussi avec le night-clubbing à Matignon pour tenter de venir à bout des grévistes récalcitrantes. L'époque des insinuations sur les femmes « énervées », du refrain sur les désormais célèbres « grands équilibres »... et du bec dans l'eau pour les infirmières. C'est l'époque où, pour la première fois, nous nous découvrons une âme d'opposants face à un gouvernement de gauche. Une époque tourneboulante. On ne se sent pas vraiment proches de certains incorrigibles et anciens gauchistes, qui vont vitupérant contre l'ancien leader du PSU. Et l'on n'est pas déboussolés au point de tomber dans les bras de Michèle Barzach, qui répète à qui veut l'entendre que si on l'avait laissée faire son travail, elle qui est médecin et qui comprend si bien les infirmières, on n'en serait pas là. C'est l'époque où même Chirac et sa bande ont l'air de socialistes face à l'intransigeance molle de Rocard II.

Pour la première fois donc, nous prenons la tangente. La politique commence à nous ennuyer sérieusement. C'est l'époque où nous désertons le salon à l'heure des émissions politiques, que nous avions jusqu'ici, bon gré mal gré, suivies le nez collé à la télé. Cela crève les yeux, nous ne sommes pas dans les meilleures dispositions électorales.

D'autant que ce qui se passe de l'autre côté de la Méditerranée, en Algérie, ne nous laisse pas vraiment indifférents. Génération cosmopolite plus qu'internationaliste, nous sommes après tout bien proches des étudiants qui là-bas réclament le pain et la démocratie. Nous savons aussi qu'une flambée de misère les plongerait dans l'intégrisme. Quant à nos dirigeants, ils s'illustrent une fois de plus, une fois de trop. Ils sont muets, gênés aux entournures... Solidarité internationale, gaz algérien, ancien soutien au FLN qui pourtant n'est plus que l'ombre de lui-même... Encore une fois, un soir d'octobre, dans la nuit noire, du côté de la République nous chaussons nos baskets.

Alors que notre sens du devoir électoral s'effiloche au gré des manifs et des bévues de Rocard II, un nouveau scrutin se profile à l'horizon : le référendum sur la Nouvelle-Calédonie. Le résultat est acquis, puisqu'il n'y a guère que le Front national qui appelle à voter non. Le RPR, mal remis de l'opération va-t-en-guerre de l'entre-deux-tours à Ouvéa, appelle à l'abstention parce qu'il n'ose pas dire non clairement et désavouer

Jacques Lafleur. Rocard se rengorge et trouve peut-être un peu vite que tout va pour le mieux dans le meilleur des mondes. Quant à notre génération — quand elle est de gauche, cela va de soi — elle est unanime. Toujours pas hystériquement indépendantiste. Mais nous pensons qu'un jour il faudra bien poser le problème clairement et sereinement. Pour cela, les accords Matignon nous semblent imparfaits, incomplets, et donc inquiétants. Nous redoutons qu'ils ne cachent quelques vilaines dissensions sur le terrain. Avec nos vieux camarades socialistes encartés, le ton monte. Nous retrouvons sans rire la vieille phraséologie. Ils nous accusent de « tout vouloir tout de suite », nous leur répondons : « assez tergiversé ». Surtout, une petite lâcheté nous anime : si ça tourne mal, affirmons-nous, on n'aimerait pas trop, finalement, avoir mis la main à la pâte. Quand nous apprendrons l'assassinat de Tjibaou et Yeweiné Yeweiné, pour la première fois de notre vie — c'est l'âge qui vient — nous nous mordrons les doigts d'avoir eu raison.

Et puis, avouons-le, nous tenons un peu notre revanche. Une bien peu louable préoccupation. Mais tant pis. Nous n'avons pas fait quinze ans de politique pour rien. Les accords Matignon, c'est le seul vrai triomphe de Rocard. Pas question dans ces conditions, scandons-nous, de lui offrir un chèque en blanc supplémentaire. Pas question qu'il croie que la voie royale lui est ouverte. Et c'est, armés de petits stylos, bien à l'abri dans l'isoloir, redevenu lieu ludique, que nous graffitons gaiement nos bulletins. Au soir des résultats, il apparaît que les abstentionnistes ont battu les records homologués un mois plus tôt. 63 % des électeurs ne se sont pas déplacés. Ce n'est évidemment pas la totalité de l'électorat de l'URC, ça se saurait et Chirac serait président. Mais si le taux d'abstention nous amuse, il nous réjouit moins que la constatation suivante : plus de 4,3 % des inscrits — ça fait un sacré paquet d'électeurs (à peu près 1 500 000) — se sont laissés aller à la dégradation consciente dans la plupart des cas de leur bulletin, voire au vote blanc. Dans les salons du ministère de l'Intérieur, Joxe fait celui qui n'a rien vu.

LA CHUTE VERS L'ABÎME

Notre joie n'avait guère duré que le moment de la profanation. L'hiver était clément, mais morne. C'est l'époque des grèves tous azimuts dans la fonction publique. De Quilès faisant évacuer les tris postaux aux petites aubes par les CRS. De Delebarre rameutant l'armée pour faire marcher la RATP contre le « chantage inacceptable » des grévistes. Bref, de la méthode Rocard pour régler les conflits. Une sorte de version soft et hypocrite de Thatcher versus mineurs anglais.

Premier temps : on fait la sourde oreille. C'est la période : « attention, c'est pas parce que vous avez voté pour moi qu'il faut vous croire tout permis ». C'est le socialisme hautain.

Deuxième temps : on pleure sur les « grands équilibres » et on refuse donc toute rencontre. C'est le socialisme respectable.

Troisième temps — un mois au bas mot s'est déjà écoulé : on accepte de négocier. C'est la période : « vous l'aviez oublié mais je suis de gauche ». C'est le socialisme tendance social.

Quatrième temps : les négociations capotent. C'est le socialisme autoritaire.

Cinquième temps : le ministère concerné accepte de rouvrir ses bureaux aux représentants syndicaux — un mois et demi est passé. C'est la période : « vous voyez que je ne suis pas si mauvais que ça ». C'est le socialisme apprivoisé.

Sixième temps : les grévistes à bout de nerfs et en reprise partielle acceptent la satisfaction d'un cinquième de leurs demandes. C'est la période : « et encore on est bien bons ». C'est le socialisme généreux.

Septième temps : le travail reprend, les clientèles électorales s'évanouissent une à une dans la nature. C'est le socialisme responsable. La recette est bonne, réutilisable à tous moments comme le montreront Pierre Bérégovoy et Michel Charasse. Elle est même exportable dans le privé, voir le cas Calvet.

C'est l'époque du langage Rocard, le fameux « parler vrai » : « Je suis socialiste. Je comprends les revendications des salariés. Mais nous ne pouvons pas compromettre le redressement commencé. Je suis socialiste. Les socialistes savent bien que lorsqu'on ouvre les caisses, c'est les élections qu'on perd[4]. » C'est l'époque du langage Charasse, le parler vrai version populiste : « On est tous d'accord, les riches en ont plein les fouilles, mais c'est pas une raison pour nous emmerder. » C'est une époque à deux vitesses, on l'aura compris. C'est l'époque où nous-mêmes nous surveillons notre vocabulaire quand nous fréquentons — rarement — les dîners mondains. L'accusation d'archaïsme est en effet prompte à jaillir. Elle vous marque un homme à vie. C'est l'époque où nous entendons des choses aussi bouleversantes et édifiantes que :

« Bien sûr les enseignants vivent mal la dégradation de leur profession, mais, dans cette période de solidarité, ils doivent comprendre qu'ils bénéfi-

4. Ces phrases ont toutes été prononcées. Pas forcément à la suite, mais c'est un détail.

cient de la sécurité de l'emploi. D'autant qu'ils travaillent peu, il faut oser le dire. »

« Évidemment ce n'est pas facile de gagner 5 000 francs par mois, mais il faut s'affirmer face à la compétition internationale et au défi européen. Tant pis si je choque, mais non, non, on ne peut pas donner plus, les 6 000 francs par mois, c'est de l'utopie. »

« Un jour, nous pourrons partager plus équitablement les fruits de la croissance, mais notre économie est encore fragile, convalescente. »

Au bord du cynisme, nous nous acheminons vers les municipales. Les débats à gauche sont tragiques. 40, 50, 60, 80 ou 100 primaires ? Les conflits vaudevillesques. Qui, après Quilès, réussira à coiffer tout le monde sur le poteau avant de se ramasser un deuxième grand chelem chiraquien en pleine poire ? Lang ? Joxe ? Qui soutient Vigouroux ? Qui fait la courte échelle à Pezet ? Et Dieu dans tout cela ? Est-il, n'est-il pas initié dans l'affaire Péchiney ? A quoi ressemblent exactement les chaussettes de Bérégovoy ? C'est une époque passionnante. Où le grand Charles (Trenet) fait un come-back remarqué : « Le maire, le maire de Blois sera Jack Lang, je crois » (sur l'air de *la Mer*).

Dans notre marasme, nous nous disions bien qu'il ne fallait pas mollir. Passer à l'acte abstentionniste. La petite idée n'avait pas encore fait totalement son chemin. Nous tergiversions toujours. Nous votâmes donc blanc aux deux tours. Nous demeurions une survivance d'un autre âge. Nos concitoyens continuaient sans complexes à bouder les isoloirs. Plus de trois Français sur dix qui s'abstenaient : record absolu depuis la Libération.

Dans les villes de plus de 30 000 habitants, celles où le torchon brûlait entre communistes et socialistes, on frôlait carrément la cata : 38 % d'abstentions. Chacun sait pourtant, à moins de se fermer les yeux — ce que fera Laurent Fabius dans un colloque sur cette irritante question — que c'est là bien sûr que les élections sont les plus politiques[5]. A Paris, Lyon et Marseille, on passait allégrement la barre des 40 % d'abstentions. Signe des temps, les résultats nous laissèrent de glace. Au cynisme s'ajoutait désormais l'indifférence complète.

C'est ainsi que le score des écolos nous laissa aussi tranquilles qu'un long fleuve. Il est vrai que, dans notre génération, les écolos ont toujours tapé fort. Rappelons qu'aux européennes de 1984 nous avions avant l'heure cédé au péril vert. A l'époque, rappelons-le aussi, ils ne se livraient pas encore à

5. Alain Lancelot, *l'Abstentionnisme électoral*, Presses de la Fondation nationale des sciences politiques, Paris, 1968. Et Jean-Luc Parodi et Olivier Duhamel, « Sondages et municipales », in *Pouvoirs*, n° 24, « Le maire », PUF, Paris, 1983, pp. 169-178.

une réflexion élaborée sur les trois cents fromages français — débat de fond auquel s'est adonné le triste Antoine Waechter pendant la campagne présidentielle. Disons que les Verts allemands — moins vert-de-gris finalement que les Français — nous attirent davantage. Il y a certainement là-dessous notre incorrigible attachement à leur plus éminent leader : Daniel Cohn-Bendit. Et ceci parce que, malgré son passé — chargé —, il ne ressemble pas à un soixante-huitard.

La seule chose qui réussit à nous amuser dans l'émergence de cette « force verte » fut la panique qu'elle provoqua chez les ténors des partis de gauche et de droite. Au rancard la cousine infirmière, tous dépoussiéraient avec vigueur un programme écologiste bétonné si l'on peut dire, programme dont l'existence ne nous avait pas frappés jusqu'ici, mais, ils l'assuraient la main sur le cœur, qui avait été édifié voilà des années. Les socialistes nous brandissaient leur Lalonde. Le RPR nous ressortait sa Barzach — parce qu'elle est une belle plante ? — et ainsi de suite. Plus offensif, le PS, qui a « une vocation majoritaire », affirmait vouloir accueillir en son sein ces enfants prodigues. Sans comprendre que le vote vert ressemble souvent — voir l'exemple de 1984 — purement et simplement à un vote blanc ou à une abstention. C'est parfois juste l'expression d'un ras la couche d'ozone.

Nous n'étions plus loin du but. Les élections se succédaient à un rythme endiablé qui, dans nos jeunes années, nous aurait enchantés. Mais c'est d'un œil morne que nous suivions les péripéties des affichages sur nos murs citadins. Le Rubicon était à nos pieds : nous le franchîmes aux européennes.

La campagne de ces élections — les dernières avant le grand-rendez-vous-de-1993 — fut fidèle aux règles du septennat Mitterrand-II : inexistante.

Elle culmina — c'est désormais aussi rituel que la poule au pot d'Henri IV — dans un show télévisuel. Où les candidats en rangs d'oignons, derrière des pupitres — dressés sur la pointe des pieds pour certains —, s'escrimèrent à se démarquer de leurs voisins. Tâche ardue en ces temps de consensus. Il n'y eut guère que Jean-Marie Le Pen et Philippe Herzog — mais ce n'est pas une surprise — pour tirer leur épingle du jeu. Pour le reste, téléspectateurs myopes attention ! Fabius et Giscard se ressemblaient comme un père et son fils. C'était touchant. L'ex-Premier-ministre-de-la-France avait découvert un nouveau concept, l'Europe sociale. Vil persiflage de notre part : « Et la France, elle est sociale ? »

C'est donc lors de cette consultation que le vote des électeurs de gauche se dérègle. Certains désespérés se livrent à des actes aberrants : voter pour

Simone Veil parce que ça enquiquine la liste Giscard et parce que ça fait les pieds au PS. Amusant, hautement stratégique, mais peu suivi. D'autres font encore une fois le coup des « Verts » parce que ça pique des voix à Fabius. Distrayant, toujours hautement stratégique et plus efficace.

Mais beaucoup oublient en réalité jusqu'à l'existence de leur bureau de vote. Les urnes ont beau — décalage horaire européen oblige — nous ouvrir leurs petits bras jusqu'à 22 heures, la débâcle est saisissante. Rappelons à ceux qui croient encore que l'abstention est un signe de « je-m'en-foutisme civique » que, dans nos jeunes années, pour nos 18 ans sous Giscard, nous avions inauguré notre inscription sur les listes électorales en votant à 65 % pour la gauche et l'extrême gauche. Par charité, nous ne mentionnerons même pas qu'il y en avait encore 6 % de plus qui votaient écolo[6]. Des écolos qui, en ces temps préhistoriques, étaient eux aussi de gauche. Dans notre génération, ce sont donc plus de sept électeurs sur dix qui votaient pour la gauche... Moins de deux sur dix qui s'abstenaient à un âge où, pourtant, le réflexe électoral n'est pas vraiment rodé[7]. Pour nos 30 ans, à peine dix ans plus tard, nous nous sommes offert 60 % d'abstentions. Il est

6. Législatives 1978.
7. Alain Lancelot, *op. cit.*

clair que quelque chose ne tourne plus rond sur notre planète. Le soir même, le 18 juin 1989, la classe politique en eut l'air tout retourné. Fabius faisait et refaisait le compte de ses voix, sous l'œil narquois de Marchais, qui se sentait moins seul d'un coup. Waechter triomphait, mais sans plus. Quant à Giscard, il avait beau faire le paon, rien n'y faisait. Il était gagnant par abandon de l'adversaire. Pas le genre de victoire qui risque d'être homologuée pendant des siècles.

Nous, nous étions encore tout étourdis d'avoir franchi l'obstacle, tout étonnés aussi de ne pas avoir déclenché un séisme. Rassurés en somme. Après des années d'errance, même si la mer était un peu trop calme pour des vieux bourlingueurs comme nous, ma foi, nous étions arrivés au port.

Dès le lendemain — ou presque —, la classe politique réagit. Mal. Elle s'arc-bouta sur un projet d'amnistie des fraudes électorales. Décidément, ils n'avaient toujours rien compris...

ET MAINTENANT... ?

Rassurez-vous, il nous arrive encore de nous poser la question sacrée du vieil Oulianov : que faire ? Qu'est-ce qui pourrait bien nous pousser à renoncer à nos mauvaises intentions abstentionnistes ? La réponse est pour le moment invariable : rien. Absolument rien.

C'est une triste époque que la nôtre. Où les idéologies sont mortes, nous dit-on. Où l'Histoire touche à sa fin, où nos penseurs s'en réjouissent. Pas nous. D'abord, c'est pas sûr qu'ils aient raison. La fin de l'Histoire au moment où on démolit le mur de Berlin, il y a plus pertinent comme analyse. Coup de pied de l'âne : c'est le grand Papet Montand qui nous expliquait il n'y a pas si longtemps qu'au Chili on s'en sort, mais que du communisme, on n'en sort pas.

C'est une époque curieuse où la philosophie politique se réduit aux droits de l'homme. Un peu court, un peu rapide. L'exaltation constante de nos « valeurs universelles », c'est sommaire... Très IIIe République triomphante. Pour tout dire, nous aimerions plus d'insolence. Une démocratie impertinente.

Notre génération a été la première à se convertir en masse à la social-démocratie. Ce n'est pas pour cela que nous n'éprouvons pas une méchante passion pour les guerres civiles idéologiques. C'est notre côté village gaulois. Nous offrons peu de prise au consensus. Qu'en cette année de Bicentenaire on nous a servi à toutes les sauces. Aimez-vous les uns les autres, nous ont-ils répété. Est-ce si sain le consensus ? Une vilaine petite voix résonne en nous qui nous dit que le consensus a un passé. Qu'il se nomme, au gré des temps, chambre bleu horizon, compromis historique, régime de Vichy, ou guerre d'Algérie. Qu'il va de pair avec les silences de l'Histoire dont la France est si friande. Qu'il nourrit infailliblement tous les extrêmes. Consensus, attention danger. Il est vrai que nous aurions pu béatement nous contenter de ce dénuement intellectuel qui n'aurait pas dépareillé dans nos intérieurs high-tech de chez Habitat. Tant pis. Raté. C'est l'affrontement que nous aimons par-dessus tout. La politique. Le débat.

A notre majorité, nous avions voté à gauche par conviction. Nous étions un rien révolutionnaires, un peu archéos, mais, pour nous rattraper, totalement démocrates. Nous croyions sans réserve au changement par les urnes et rarement à l'action spontanée des masses. Nous étions donc faciles à contenter. Un bon public pour une gauche bon enfant. Beaucoup d'humanisme que nos aînés baptisaient, méprisants, « illusion idéologique » nous aurait suffi. C'était pas difficile en somme et c'est ce qui coûte le moins cher. Las! comme disaient les classiques : dans ce domaine la dégringolade fut sévère. Il n'y a guère que dans les grandes occasions que Tonton nous offre encore une belle envolée lyrique. Quand il est en déplacement à l'étranger, quand d'affreux « Crados » poussent ses vieux amis à la mort, quand sa majorité présidentielle vacille. Mais les paroles s'envolent. Comme à Cancun, elles restent sans effet.

Quant au débat politique proprement dit, il frise le gouffre intersidéral, le vide absolu. Et notre nature expansive a horreur du vide.

Rappelez-vous, nous n'étions même pas gourmands. Nous voulions seulement une justice plus juste, une société plus égalitaire. Nous étions prêts à des tas de compromis pour cela, nous ne sommes pas une génération morale.

Et aujourd'hui, que reste-t-il de nos manifs ? Les gardes des Sceaux ont été stoppés dans leurs élans, de Badinter à Arpaillange, au nom de l'obsession sécuritaire. Qui aurait dit il y a dix ans que l'Espagne nous précéderait en autorisant la présence d'un avocat lors des gardes à vue ? Aujourd'hui, on peut condamner à des peines de sûreté de plus de vingt ans. Et demain, si la pression devait monter, aurions-nous droit au bon vieux débat sur la peine de mort ?

Les réformateurs scolaires se sont attelés aux faux problèmes. Pendant que Mauroy II et Mauroy III servaient la soupe à la FEN* avec un débat sur la laïque digne du petit père Combes, les classes continuaient à se surcharger. Entre les meilleurs et ceux dont on dit pudiquement qu'ils sont en « difficulté scolaire », le fossé s'est encore creusé. Nous avons eu droit à l'élitisme républicain, à 80 % d'une classe d'âge au bac, le tout sous les flonflons de *la Marseillaise*... mais sans crédits. A l'aube de son élévation, Dieu promit enfin dans son épître à tous les Français que l'école serait la « grande affaire du septennat ».

La « grande affaire » s'est réduite à une affaire Dreyfus à la mode des années 80, une querelle autour de trois malheureux foulards « islamiques ». Enfoncé Le Pen. D'ailleurs, on ne l'a presque pas entendu. D'autres se sont chargés de véhiculer les vieux fantasmes sur la cinquième colonne immigrée prête, sur ordre des ayatollahs, à nous submerger.

Nombre de socialistes n'en sont pas à un Beur près quand il s'agit de se chiper des mandats à l'approche d'un grand congrès idéologique. A l'automne 1989, nous pouvons émettre un théorème : pour abattre un futur présidentiable, il est permis de mettre trois gamines à la porte d'un collège et de donner encore une fois du grain à moudre au Front national et en général au pétainiste qui sommeille chez les « bérets-baguettes ».

Dans cette grande entreprise de salut public, les hussards noirs du congrès de Rennes peuvent alors compter sur le renfort des soixante-huitards qui expieront là une nouvelle fois leurs égarements maoïstes et révolutionnaires passés, à grand renfort d'Universel. L'ancien combattant de Mai a — c'est bien connu — un besoin constant de battre sa coulpe. Dans les années 60, il se flagellait déjà pour se punir de ses origines bourgeoises. Cette volonté permanente et quasi religieuse de « serrer sa haire avec sa discipline » devrait d'ailleurs le conduire à s'interroger franchement sur sa soif inextinguible de laïcité...

Ce n'est pas non plus, on l'aura compris, dans les audacieuses améliorations du « tissu social » que nous risquons de puiser un quelconque réconfort. De ce point de vue, Fabius I et II, Rocard I et II, ou Chirac cohabitationniste c'est comme Dupont et Dupond, du pareil au même. Les TUC* entament allègrement leur troisième législature. La suppression de l'autorisation préalable de licenciement a passé sans encombre le cap de l'alternance. Les coordinations d'infirmières et les coordinations de cheminots ont subi le même traitement d'un gouvernement à l'autre. Les charters d'immigrés clandestins partent à l'heure et remplis jusqu'à la cabine de pilotage, qu'ils soient affrétés par Pasqua ou par Joxe.

On peut énoncer un second théorème : toute bonne idée inventée dans ces domaines coûteux par la gauche ou par la droite est invariablement réutilisée par l'adversaire de la veille quand il accède à son tour « aux affaires ».

Ce ne sont toujours pas les changements dans l'économie — noyaux durs or not noyaux durs — qui pourraient revivifier nos forces démocratiques défaillantes. Et pourtant, on l'a compris, dans ce domaine, nous fûmes précocement réalistes — ah les enfants de la crise, quelles bonnes pâtes ! Mais nous sommes las des aléas des OPA et des contre-OPA, de la COB, des affres des initiés et des petits porteurs, de l'indice Dow Jones et du CAC 40 que nous avons pris longtemps pour une mesure du cacao. Épuisés par les palmarès des plus grosses fortunes de France, les problèmes cardiaques des golden boys, les lundis noirs, les clubs d'investissement qui stressent les générations qui nous font suite. Dégoûtés des challenges, des raiders et des patrons méritants élus au César de la meilleure entreprise par le mensuel *l'Expansion* qui nous tombe des mains. Même notre président bien-aimé ne nous fait plus lever l'oreille assoupie et la paupière endormie quand il entonne un hymne à l'économie mixte, c'est dire !

C'est une drôle d'époque que ces années 80 finissantes. Où, dans tous les sondages invariablement, une petite majorité de Français se dit de gauche. Où régulièrement les courbes de popularité de Tonton et de Rocard frôlent, voire dépassent la barre des 50 %. Ces beaux chiffres restent sans effets — sauf dans la tête des leaders de gauche qui s'en gargarisent. Au pied du mur — les jours d'élections —, tout le monde reste au fond de son dodo. Certains diront, gravement, savamment, que la France est lasse de la politique politicienne. Ne serait-elle pas fatiguée plutôt — comme nous — que ses voix — à la différence des brunes — comptent pour des prunes ?

Les hommes politiques s'en vont répétant onctueusement de colloques en interviews qu'il faut faire de la politique autrement, s'ouvrir à la société civile et autres bluettes. Et semblables à des radicaux de la IVe, ils s'agitent, s'observent, se font des niches, se divisent, se boudent, se réconcilient, se regardent en coin au gré des clans et des courants. C'est une époque paradoxale où les partis politiques, exsangues, sont au bout du rouleau. Où leurs leaders, qui n'ont plus rien de charismatique, se livrent à de pitoyables galipettes pour attirer l'attention du chaland.

A droite, la dernière trouvaille a fait long feu. Sitôt Tonton reconduit bien au chaud dans son château, le RPR et l'UDF dépités tentèrent de trouver un remède à leurs maux. Eurêka, la réponse était évidente, il fallait ravaler la façade, ripoliner les radiateurs, mettre en avant une toute nouvelle génération — les quadragénaires. Ceux qui ont fait 68, mais du mauvais côté, certains en imper vert, le crâne rasé et en scandant « O ! O ! Occident ». Jeunesse s'étant passée, nous nous trouvons face à des gens encore jeunes mais désormais responsables qui travaillent, disent-ils, à l'U-ni-on de l'Op-po-si-tion. Ça, ça nous fait bien rire, nous qui avons été baptisés dans le sang et les larmes de l'échec du Programme commun. Comme un feuilleton à la française, l'histoire de la « rénovation » de la droite a ses longueurs et ses répétitions. On suit tout ça d'un œil distrait. C'est leurs affaires après tout. Il n'empêche que nous avons vu sans plaisir sombrer un de nos adversaires de toujours : envolé notre Chirac. De temps en temps il apparaît encore sur un écran de télévision, un sourire affable aux lèvres. Oui, c'est vrai, il nous arrive de regretter Chi-rac-the-Kil-ler, lunettes à grosses montures noires et mouvement de mâchoires, qui avait tant marqué nos jeunes consciences sous les années Giscard. L'homme est devenu si soft qu'il en a arrêté de fumer... L'autre grand ancien, Raymond Barre, c'est du pareil au même, plus rien à en tirer ! Apparemment désespéré de l'aveuglement de ses compatriotes qui ne l'ont pas porté au faîte de l'État, il confie benoîtement et cathodiquement que le budget des socialistes a de la tenue, que mieux encore il pourrait être son œuvre. Le-meilleur-économiste-de-France en est arrivé à ne pas voter les motions de censure avec ses anciens amis de l'opposition.

Difficile donc de trouver encore dans cette opposition policée quelques bonnes raisons de voter contre. Et pourtant, en cas de débandade idéologique, la droite body-buildée, c'était un moyen sûr. Voir autrefois les duettistes Pasqua-Pandraud un quart de seconde à la télé, ça vous remontait le taux d'adrénaline et vous conduisait irrémédiablement aux urnes. Aujourd'hui, pour se remonter le bourrichon, on n'a plus que des jeunes présidentiables qui ne dépareraient pas au Parti socialiste des années 90. Il y a Noir, anti-FN de choc, prêt à vous construire des mosquées, Juppé qui ressemble à Fabius jusque dans ses titres universitaires, Carignon qui fait cause commune avec Haroun Tazieff, grand pétitionnaire de gauche devant l'Éternel.

Certes, mais pour parler vrai comme dirait vous savez qui, ce sont plutôt les partis de gauche qui après nous avoir poussés dans les cordes, nous condamnent à l'inertie politique.

Côté PC, déstalinisés nous fûmes, déstalinisés nous restons. Le Parti communiste français a même laissé passer le coche gorbatchévien — c'est dire —, trop occupé à tarabuster ses rénovateurs (encore), reconstructeurs, et autres fitermaniens. Mais, à tout seigneur tout honneur, c'est le PS qui dans toute cette histoire est tombé le plus bas. Certes, comme le trafic d'ivoire est désormais interdit, on ne peut même pas aller se faire un petit carton sur les éléphants de Solferino.

Mais quelles tentations ! Depuis les présidentielles, les socialistes ont entamé une très longue guéguerre de tranchées. Avec une touchante délicatesse, ils en sont déjà à préparer la relève. Qui sera le fils de Dieu ? Il y a d'abord Chevènementla-menace, l'homme qui rêve de censure dès que la presse se fait l'écho de la grogne de quelques gendarmes. Pierre Joxe-Fouché, qui se verrait si bien ministre des Affaires étrangères avant de gravir, qui sait, la plus haute marche. Rocard qui, de son promontoire premier-ministériel, contemple sa courbe de popularité et tous ses concurrents qui s'échinent à sa poursuite.

Le jeune Fabius était parti du bon pied. Plus jeune Premier ministre de France, encensé par la grenouille céleste, il attaqua donc bille en tête la Rue de Solferino. Mal lui en prit, une alliance subtile le laissa les quatre fers en l'air. A peine remis en selle, il changea de tactique. Puisqu'il n'avait pas l'onction du parti, il aurait celle des électeurs. Mal lui en prit à nouveau, sous les sourires narquois de la foule, il se ramassa une nouvelle gamelle aux européennes. Puis ce vaillant jeune homme sembla exploiter une troisième tactique : l'attaque biaisée de son vieux rival Jospin dans l'affaire des foulards.

Certes, Jospin non plus, ça n'est pas le bon Dieu. Mais une fois n'est pas coutume, nos sens assoupis à l'arrivée de l'hiver ont été revivifiés par sa saine réaction contre les intégristes laïques. Un peu comme lorsque Michel Noir avait failli lyncher l'abominable homme de la Seine-Saint-Denis, le RPR-FNisant Eric Raoult, qui vociférait contre les mosquées.

Jospin, menacé par l'étrange coalition rocardo-popereno-mauroyo-chevènemento-fabiusienne, avait donc tout à coup un petit air sympathique qui, s'il avait su travailler son look esseulé, aurait pu lui réussir. Malheureusement pour lui, il est au Parti socialiste. Où le débat d'idées justement se réduit à des choses aussi éminemment politiques que de savoir si on peut aller à l'école la tête couverte, si on doit laisser parler la femme du président et si tout ça en somme ne menace pas la synthèse au prochain Congrès. Que veut, que pense, où va le PS aujourd'hui? Même notre Tonton national semble s'en désintéresser au plus haut point. De temps en temps, histoire de ne pas perdre le coup de patte il fait bien encore une petite poussette à l'un dans la montée, un petit croc-en-jambe à l'autre, mais le cœur n'y est plus, allez, on le sent bien.

On le comprend un peu. Il faut dire que les socialistes, c'est un peu comme les giscardiens à la fin des années 70. Tout le monde en a au moins un dans ses proches, capable de se mettre en lévitation devant un discours télévisé et généralement incompréhensible de Rocard, de pontifier pendant des heures sur la réussite économique et le plan social du gouvernement, de pousser des petits cris d'orfraie à la publication de l'impitoyable sondage BVA sur la popularité de Dieu et de sous-Dieu.

Nos copains à nous, ceux de la fac, que sont-ils

eux-mêmes devenus ? Des jeunes gens bien sages, costume trois pièces, tailleur strict et voiture de fonction. Ils pullulent dans les ministères et l'administration, où se bâtit petit à petit ce qui commence à ressembler à un bon petit État-PS. « C'est le système qui veut ça », disent-ils faussement navrés quand vous leur faites une remarque sur un ton qu'ils jugent « un peu aigri tout de même ». Ils n'ont jamais été des rigolos, les Carreras, Darriulat, Cambadélis... Mais là, ils sont franchement sinistres. La situation semble désespérée. Le seul refuge en ces années Mitterrand languissantes, c'est au fond la franche rigolade. Imaginer que, dans quelques années, ces tristes sbires seront secrétaires d'État ou ministres, on a beau savoir que toutes les générations ont dû connaître cela, voir les tâcherons lugubres et hargneux des syndicats étudiants arriver au faîte de la carrière politique, on n'en revient quand même pas vraiment. Ce serait plus grave si on se disait qu'en plus, avec nos gentils petits bulletins de vote, on leur sert de marchepied. C'est qu'en plus d'être abstentionniste, on devient presque borné.

Nous voilà donc suprêmement détachés des choses. En état d'apesanteur. Observant du haut de notre tour d'ivoire les dérisoires batailles de chiffonniers de nos anciens condisciples. Partagés entre le fou rire et l'effondrement. Et persuadés au fond de nous-mêmes que nous vivons nous aussi, comme les grands, notre traversée du désert. Nous guettons chaque signe d'agitation sociale avec une maniaquerie d'entomologiste. Sortons notre chéquier pour soutenir les grévistes en lutte. Envisageons parfois d'aller faire un tour chez les Verts — le désert est très long à traverser — histoire de ne pas mourir politiquement désœuvrés. Rempilons dans les associations antiracistes. Regardons le « Bébête Show ».

Et puis surtout, nous nous le répétons avant de nous endormir : une désaffection pareille, une telle indifférence, c'est pas sain, surtout pour les hommes politiques. Un jour ils s'en apercevront. Après tout comme disait ce vieux Durkheim : « Les dieux ont besoin des hommes. »

GLOSSAIRE

AJS : Alliance des jeunes pour le socialisme. Branche jeune de l'OCI (voir ce nom). Tendance érupto-éructante du trotskisme.

CAR : Comités d'action républicaine. Clubs de « réflexion » de la droite, animés un temps par Bruno Mégret. Ce qui donne une petite idée du riche contenu idéologique du débat. Passerelle entre la droite et l'extrême droite.

CELF : Collectif des étudiants libéraux de France. Fondé en octobre 1978 pour lutter contre la « marxisation » de l'enseignement supérieur et l'hégémonie des syndicats gauchistes.

CERES : Défunt courant du Parti socialiste. A sa tête, le général de division Chevènement. « La soupe idéologique est bonne, mon commandant. » Longtemps proche du PCF.

Club de l'Horloge : Club de réflexion de la droite. En ce sens, remarquable. Très travailleur dès la ratatouille du 10 mai 81. Moins remarquable par ses thèses proches de la Nouvelle Droite. Des membres éminents : Yvan Blot, Jean-Yves Le Gallou.

Club 89 : Encore un club de réflexion de la droite. Plus besogneux et de meilleur genre idéologique. Enfin presque.

FANE : Fédération d'action nationale et européenne. Mouvement aujourd'hui défunt, mais qui regroupa à la fin des années 70 une bande de joyeux drilles tendance chemise brune, bombinette dans les synagogues et retraite aux flambeaux.

FEN : Fédération de l'Éducation nationale. Puissante organisation syndicale. Véritable nid de curés laïques. Obsédée par la « revalo » (revalorisation) des salaires, mais très peu par celle de l'enseignement. Gère en père peinard plus d'une quarantaine d'organisations, dont le Syndicat national des instituteurs (SNI), barbus rétrogrades.

FER : Fédération des étudiants révolutionnaires, mais pas soixante-huitards puisqu'elle a refusé de se mêler à l'aventure « petite-bourgeoise » des barricades. Bras armé estudiantin de l'OCI.

GAJ : Groupe Action Jeunesse. Extrême droite musclée et essentiellement lycéenne dans les années Giscard.

GP : Gauche prolétarienne. Fine fleur du maoïsme français créée en 1968. Branche armée : la Nouvelle Résistance populaire. A produit l'essentiel de la « Génération » et tout ce qui compte aujourd'hui dans les médias, la pub, la politique, les arts, les lettres, etc.

GRECE : Groupe de recherches et d'études sur la civilisation européenne. Extrémistes de droite décidés à redécouvrir les origines « indo-européennes » de l'homme moderne. Ses penseurs livraient leurs travaux en exclusivité au *Figaro-Magazine*. Ont contribué à ripoliner la façade idéologique de la droite.

GUD : Groupe Union Défense. Animaux à poil ras. Fascistes déclarés. Répandus dans les étages de la faculté d'Assas. Très agressifs. Équipés d'objets contondants.

Gudiens : Membres du GUD.

JC : Jeunesses communistes. « Stals » en herbe. Particulièrement éteints à la fin des années Giscard. Ont retrouvé un semblant de punch dans la lutte anti-apartheid.

JCR : Jeunesses communistes révolutionnaires (révolutionnaires par opposition aux réformistes de la JC, bien entendu). Branche jeune de la LCR (voir ce nom).

LCR : Ligue communiste révolutionnaire. La bande à Krivine. Trotskiste. Emblème : une taupe rouge. Très présente dans tous les conflits, partout où ça bouge sur le front des luttes. Synonyme pour les initiés : la Ligue.

Ligue : voir LCR.

Liguards : Membres de la Ligue, soit de la LCR. Voir ces mots.

LO : Lutte ouvrière. Animée par la très médiatique Arlette. Curés rouges. N'a pas tenté de réelle pénétration sur les facs bourgeoises. Présente sur les lycées techniques. Petite percée en décembre 86. A organisé des fêtes mémorables à Presles, dans la banlieue parisienne, où le militant et la militante déambulaient nus au milieu des stands.

LOR : Ligue ouvrière révolutionnaire. Sous-groupuscule trotskiste en voie de miniaturisation depuis que David Assouline et sa famille ont rejoint la LCR.

MJS : Mouvement de la jeunesse socialiste. Branche jeune du PS. Chargé majoritairement de la distribution des autocollants et du collage des affiches du président-candidat. Dignes représentants de la « génération Mitterrand ».

MRAP : Mouvement contre le racisme et pour l'amitié entre les peuples. Vieille organisation antiraciste. Considérée souvent comme proche du PCF.

OCI-PCI-MPPT : Organisation communiste internationaliste, Parti communiste internationaliste, Mouvement pour un parti des travailleurs. Branche vieille de l'AJS (voir ce nom). Sous cette grande diversité de sigles, se cache la même secte lambertiste, du nom de Pierre Lambert, son leader qui n'a rien de charismatique. Complètement à côté de la plaque. Et agressifs en plus.

SAC : Service d'action civique. Créé pendant la guerre d'Algérie pour contrer l'OAS. Servira par la suite à toutes les basses besognes. Effectuera un come-back remarqué à Auriol.

SGEN-CFDT : Syndicat général de l'Éducation nationale-CFDT. Comme son nom l'indique, lié à la « deuxième gauche ». Convivial et baba-cool.

SNESup : Syndicat national de l'enseignement supérieur, affilié à la « puissante » FEN (voir ce nom). Longtemps contrôlé par les personnels et enseignants proches du PC.

TUC : Travail d'utilité collective. Leurre anti-chômage des jeunes.

UDR : Union des démocrates pour la République. Descendant de l'UNR et ascendant du RPR.

UJP : Union des jeunes pour le progrès. Fondée en 1965. Mouvement des jeunes gaullistes, particulièrement actif sur les Champs-Élysées le 30 mai 68.

UNCAL : Union nationale des comités d'action lycéens. Héritée de Mai 68. Proche des communistes.

UNEF : Dite « la grande ». Le syndicat historique des étudiants. Particulièrement en pointe dans la lutte contre la guerre d'Algérie. A fourni de nombreux futurs anciens combattants de Mai. Pour ses anciens membres qui cultivent avec émotion son souvenir, n'a strictement rien à voir avec les pâles copies que sont l'UNEF-Re et l'UNEF-ID (voir ces mots). Ce qui est d'ailleurs on ne peut plus vrai.

UNEF-ID : Union nationale des étudiants de France-indépendante et démocratique. Phagocytée un temps par l'OCI, aujourd'hui courroie de transmission du PS dans le monde étudiant. Percée médiatique tardive en décembre 86.

UNEF-Re : Union nationale des étudiants de France-Renouveau, née de la scission de l'UNEF en 1971. A longtemps regroupé étudiants communistes et CERES. En déchéance constante, à l'image de son parti frère. N'a même pas réussi à refaire surface en décembre 1986.

UNI : Union nationale interuniversitaire. Créée en 1969. Baptisée « cache-sexe » du GUD (voir ce nom) par les étudiants de gauche. Dangereuse parce que bien implantée chez les mandarins. A l'origine de la réforme Devaquet.

TABLE

TABLE

www.ingramcontent.com/pod-product-compliance
Lightning Source LLC
LaVergne TN
LVHW050542160826
845677LV00011B/2140